CHAMBRE DE COMMERCE D'ABBEVILLE.

DÉLIBÉRATION

SUR LES

MODIFICATIONS

A INTRODUIRE

DANS LA LOI DU 5 JUILLET 1844

RELATIVE

AUX BREVETS D'INVENTION

RÉPONSE

A LA CIRCULAIRE MINISTÉRIELLE DU 26 DÉCEMBRE 1854.

ABBEVILLE,

TYPOGRAPHIE DE P. BRIEZ.

JANVIER 1856.

MODIFICATIONS

A INTRODUIRE

DANS LA LOI DU 5 JUILLET 1844

RELATIVE

AUX BREVETS D'INVENTION.

CHAMBRE DE COMMERCE D'ABBEVILLE.

DÉLIBÉRATION

SUR LES

MODIFICATIONS

À INTRODUIRE

DANS LA LOI DU 5 JUILLET 1844

RELATIVE

AUX BREVETS D'INVENTION

—

RÉPONSE

À LA CIRCULAIRE MINISTÉRIELLE DU 26 DÉCEMBRE 1854.

ABBEVILLE,

TYPOGRAPHIE DE P. BRIEZ.

—

JANVIER 1856.

EXTRAIT DU REGISTRE AUX DÉLIBÉRATIONS.

Séance du 12 Septembre 1855.

L'an mil huit cent cinquante-cinq, le Mercredi douze Septembre, à sept heures du soir, la Chambre de Commerce s'est assemblée dans le local ordinaire de ses séances, sous la présidence de Monsieur A. Courbet-Poulard.

Après la lecture et l'adoption du procès-verbal de la précédente réunion, Monsieur le Président appelle les matières à l'ordre du jour. — La Commission qui avait été chargée antérieurement de faire une étude approfondie sur les modifications dont pourrait être susceptible la loi de 1844 relative aux brevets d'inventions, est invitée à déposer son travail. — Monsieur le Rapporteur en donne aussitôt communication, dans les termes suivants :

MESSIEURS,

En présence de la circulaire ministérielle du 26 Décembre 1854, nous avons eu, Messieurs, à étudier les questions

II

soumises à l'examen de la Chambre, sur les modifications qui pourraient être utilement introduites dans la loi du 5 Juillet 1844, qui est, à l'heure qu'il est, le véritable et l'unique code des brevets d'invention en France. — Monsieur le Ministre se base, pour conclure en faveur du mérite de notre système actuel de législation, dans la matière, sur ce que, depuis sa mise en vigueur, il n'a. soulevé que des réclamations et peu nombreuses et peu importantes. — Votre Commission adopterait peut-être plus volontiers un principe directement opposé à celui qui nous régit, et moyennant lequel tout citoyen peut, par le simple paiement d'une taxe, acheter un titre d'inventeur, sans avoir préalablement justifié de la réalité et du mérite d'une invention quelconque. — Sur le seul enregistrement d'une demande, on délivre un brevet. — Que vaut alors un pareil titre? quelle sécurité offre-t-il à son auteur? quelle violence peut-il faire au capital? quels avantages promet-il à la société? — Proclamé inventeur, sur sa parole, un homme n'a pas plus de garanties dans son brevet vis-à-vis des autres, que les autres n'en ont vis-à-vis de lui. — Est-il étonnant, dès lors, que tant de brevets restent stériles dans les archives du ministère? — Si, par un retour de législation, on venait à demander à chaque brevet sa raison d'être, sous peine de déchéance, à quelle Saint-Barthélémy de brevets nous assisterions! combien peu résisteraient aux coups d'un jury aussi savant que juste! — Des 25,000 qui sont inscrits au grand registre, comme des quittances d'impôts, combien y en a-t-il qui survivraient? *Apparent rari.*

Il y aurait bien quelques inconvénients dans l'examen préalable, c'est vrai; mais, où est l'institution humaine qui soit exempte d'inconvénients? Au surplus, nous n'avons pas, quant à présent, Messieurs, à porter nos investigations jusqu'au cœur même du sujet; nous sommes circonscrits, dans nos études, par le questionnaire, auquel nous sommes invités à répondre.—Nous allons donc nous conformer régulièrement au programme qui nous est tracé, et prenant d'une main la loi des 5-8 Juillet 1844, de l'autre la série des interrogations qui nous sont posées, répondre à chacune d'elles suivant les vues que vous nous avez vous-mêmes indiquées, après une discussion approfondie.

I.

Faut-il maintenir ou supprimer, dans l'article 3, l'exclusion prononcée contre les préparations pharmaceutiques ou remèdes, et la défense de délivrance des brevets pour combinaison de finances?

L'article 3 a toujours constitué une contradiction flagrante avec l'économie de la loi dans laquelle il a été inséré : car il contient en lui-même la négation des principes qui, depuis soixante ans, régissent la matière.— Il suppose, en effet, et requiert l'examen préalable que repousse systématiquement le législateur.—C'est donc rentrer dans la voie d'une saine logique que de le supprimer, puisque ainsi on se met d'accord avec l'article 11 qui est l'âme de la loi toute entière (1).

Les inconvénients, d'ailleurs, que cet article a voulu prévenir, trouvent leur préservatif ou leur répression soit, en ce qui concerne les compositions pharmaceutiques, dans

(1). Les brevets, dont la demande aura été régulièrement formée, seront délivrés *sans examen préalable*, aux risques et périls des demandeurs.—(Art. 11 de la loi de 1844).

les lois, décrets et ordonnances qui règlent l'exercice de la médecine et de la pharmacie; soit, en ce qui touche les combinaisons financières, dans la loi du 26 Novembre 1792, qui, éclairée par la courte épreuve du régime de 1791, s'était hâtée de couper le mal dans sa racine, en arrêtant, dans leur marche dangereuse, des brevets dont la fraude faisait un piége redoutable, toujours tendu aux fortunes particulières.

II.

1° Conviendrait-il d'étendre la durée des brevets au-delà de quinze ans?

2° Conviendrait-il d'abaisser le taux de la taxe et de modifier le système de paiement?

Conviendrait-il d'accorder aux inventeurs qui ne pourraient produire le récépissé de paiement de la première annuité, la faculté de faire, aux secrétariats des préfectures, un dépôt provisoire qui leur permettrait de prendre date et de se procurer les fonds nécessaires?

3° Ne conviendrait-il pas d'adopter une durée unique pour les brevets d'invention, en la combinant avec le système des annuités?

1° Quel est le but du brevet? — C'est de régler, selon la mesure de l'équité et de l'utilité réciproques, les rapports de l'inventeur et de la société, de manière à concilier les droits de l'un avec les intérêts de l'autre. — C'est bien le moins, qu'après avoir garanti à son auteur la propriété privative de sa découverte, durant quinze années, la société reçoive, en échange, dans l'intérêt du progrès général, la libre et pleine jouissance d'une idée assez longtemps monopolisée. — L'exploitation du privilége ne devrait guère excéder ce laps de temps, à moins que l'invention ne présentât une telle importance dans sa conception, une telle lenteur dans son développement, que le gouvernement jugeât à propos, après avoir consulté la science, de rémunérer l'auteur par une prorogation de brevet.—Cette prorogation ne pourrait jamais s'étendre au-delà de dix ans.— Mieux vaudrait peut-être même, dans ces conditions tout-à-fait exceptionnelles, que l'Etat acquit, moyennant une indemnité convenable, une découverte aussi précieuse pour la livrer au domaine public. (Par une pareille disposition, l'œuvre du génie, dûment caractérisée, dûment éprouvée, toucherait une prime, au lieu de subir une contribution).—C'est au gouvernement, en effet, le tuteur commun, qu'il appartient d'agrandir le patrimoine commun.

Dans le cas où il y aurait simple prorogation accordée, la taxe à payer par le demandeur devrait être fixée suivant une règle de progression qui soumettrait chaque brevet à une redevance d'autant plus lourde par annuité que sa durée serait plus longue. Toutefois, en maintenant le principe d'une taxation progressive, nous ne verrions pas de mal à ce que le chiffre, sans être aussi bas qu'en Belgique, fut moins élevé qu'il ne l'est en France. — Nous maintiendrions, d'ailleurs, comme vraiment tutélaire, le mode de paiements successifs.

2° Il nous a semblé, Messieurs, qu'en adoucissant un peu le prix des brevets, tel qu'il est *prescrit par la loi de 1844*, et en conservant le système des paiements par fractions annuelles, on viendrait suffisamment en aide aux inventeurs, dont l'intempérance numérique a généralement besoin d'être contenue plutôt qu'encouragée. — Si on ouvrait une fois la porte aux inscriptions, sans consignation préalable, on se trouverait bientôt aux prises avec un encombrement d'inutilités contre lequel il importe de se prémunir par le maintien du *statu quo*.

3° Nous serions d'avis, Messieurs, que l'échelle de progression établie par la loi de 1791, pour les taxes, fut réintégrée, attendu qu'il est juste que la société soit notablement moins exigeante envers un inventeur qui ne veut exploiter sa découverte que cinq années, qu'envers celui qui veut l'exploiter dix; envers celui qui se borne à dix, qu'envers celui qui veut aller jusqu'à quinze.— Dans la première hypothèse, en effet, il y a pour le public plus d'avantage que dans la seconde, dans la seconde que dans la troisième. Il est, en outre, fort rationnel de prélever sur le bréveté un impôt de plus en plus fort, à mesure que son invention rencontre des applications de plus en plus nombreuses, et lui donne, par là même, des bénéfices de plus en plus considérables; car, contrairement au fonds territorial, dont la puissance intrinsèque de végétation reste invariablement circonscrite dans des limites connues, le fonds industriel d'une idée a parfois étonné le monde par l'exubérance d'une fécondité en quelque sorte inépuisable. — Or, une durée unique pour les brevets devrait avoir pour conséquence de faire peser un même niveau sur toutes les têtes.—Pourquoi imposer une plus longue durée de brevet à celui qui se contenterait d'une moindre? En vain dira-t-on que chaque bréveté est toujours le maître de renoncer à son droit, en arrêtant le paiement de ses annuités, il n'en reste pas moins vrai que l'annuité qui doit être la plus forte est celle d'un brevet de quinze années.

Cependant, si les annuités devaient rester fixées, non suivant une progression, mais suivant une simple proportion de durée, comme d'après la loi de 1844, à un chiffre uniforme de cent francs, et si, conformément à l'article 4, l'impaiement d'un seul terme devait continuer à entraîner la déchéance, il n'y aurait plus de raison que pour des brevets uniques de quinze ans.

III.

Ne conviendrait-il pas de supprimer l'alternative inscrite dans l'avant-
dernier paragraphe de l'article 5 et relative aux dessins et échantillons,
et de supprimer ces mots : *ou échantillons?*

Dans le cas où il y aurait à choisir (afin d'éclairer une
description de la découverte, invention ou application,
faisant l'objet du brevet demandé), entre les dessins *ou
les échantillons* nécessaires pour l'intelligence de la description, nous n'hésiterions pas un seul instant.—Les dessins,
en effet, rendent bien mieux la pensée de l'auteur et parlent
bien plus clairement à l'esprit de l'examinateur, que les
échantillons, qui sentent presque toujours l'enfance d'une
découverte, dont ils sont les premières épreuves et qui,
dans tous les cas, subissent l'impression du temps auquel
échappe le coup de crayon. Il serait donc naturel de supprimer, dans le texte de l'article 5, ces mots : *ou échantillons.*
La faculté d'accompagner d'échantillons les dessins déposés,
resterait, comme de juste, acquise aux inventeurs.

IV.

Ne conviendrait-il pas de supprimer l'article 18, en décidant que la
communication au public des descriptions et dessins, prescrite par l'article 23, ne pourra être faite que six mois après la délivrance du
brevet ?

Oui : en effet, que dit l'article 18 ? « Nul autre que le
« bréveté ou ses ayant - droit, agissant comme il est dit
« ci-dessus, ne pourra, pendant une année, prendre va-
« lablement un brevet pour un changement, perfectionne-

« ment ou addition à l'invention qui fait l'objet du brevet
« primitif.

« Néanmoins, toute personne qui voudra prendre un
« brevet pour changement, addition ou perfectionnement à
« une découverte déjà brévetée, pourra, dans le cours de
« la dite année, former une demande qui sera transmise
« et restera déposée, sous cachet, au ministère de l'agri-
« culture et du commerce.

« L'année expirée, le cachet sera brisé et le brevet sera
« délivré.

« Toutefois, le bréveté principal aura la préférence pour
« les changements, perfectionnements et additions pour les-
« quels il aurait lui-même, pendant l'année, demandé un
« certificat d'addition ou un brevet. »

Que dit d'ailleurs l'article 23? « Les descriptions, dessins,
« échantillons et modèles des brevets délivrés, resteront,
« jusqu'à l'expiration des brevets, déposés au ministère de
« l'agriculture et du commerce, où ils seront communiqués
« à toute réquisition. »

Que dirait cet article modifié? « Les descriptions, dessins et
« échantillons déposés, à l'appui des demandes de brevets,
« resteront aux archives du ministère de l'agriculture et du
« commerce, où le public n'en pourra prendre communi-
« cation que six mois après la délivrance du brevet. »

Il est évident, dès-lors, que l'article 18 deviendrait su-
perflu, puisqu'il ferait double emploi. — Toutefois, il serait
juste de stipuler que celui qui, travaillant sur l'invention
d'un autre, y aurait greffé un perfectionnement, devrait
payer à l'inventeur primitif, dont il a seulement étendu
l'idée, une indemnité dont le chiffre serait arbitré par un
jury spécial, si mieux n'aimaient l'inventeur et le perfec-

tionneur traiter amiablement à cet égard.—Car les brevets
de perfectionnement sont les véritables fléaux des brevets
d'invention : ils sont, aux mains des habiles, des moyens
infaillibles de dépouiller légalement les vrais inventeurs; ils
dispensent ainsi d'avoir du génie ceux qui savent avoir de
l'adresse.

V.

L'obligation d'acquitter intégralement la taxe afférente à un brevet cédé
ne doit-elle pas être supprimée de l'article 20, en laissant subsister la
simple faculté d'opérer ce paiement quand le cédant le croit utile à
ses intérêts?

On ne comprend guère l'obligation imposée ici d'acquitter
intégralement la taxe du brevet, au moment où il devient
l'objet d'une cession.— C'est, en effet, rendre injustement
cette cession plus difficile.— Pourquoi le cédant ne livrerait-
il pas ses droits tels quels au cessionnaire?—Ce serait plus
équitable d'un côté, et, de l'autre, plus favorable à la liberté
des transactions en matière de brevet.— Les brevets sont
une propriété intellectuelle qui doit se transférer d'une main
à l'autre à la charge des taxes annuelles, comme la propriété immobilière se transfère tous les jours, à charge de
bail.—Seulement, pour éviter les surprises, l'acte notarié (1)
qui doit authentiquer la vente, indiquerait explicitement le
nombre et le chiffre des annuités qui restent à acquitter,
sous peine de déchéance.— L'article 20, ainsi modifié, ces-
serait d'ailleurs de présenter vis-à-vis de l'article 4 une

---

(1) La cession totale ou partielle d'un brevet, soit à titre gratuit, soit à
titre onéreux, ne pourra être faite que par acte notarié. (Art. 20 de la loi
du 5 juillet 1844).

inconséquence qui ne se justifie pas.—Une jurisprudence récente (1) semble avoir voulu, à cet égard, redresser les défectuosités de la loi en décidant que le défaut d'acquittement intégral de la taxe, avant la cession, n'entraîne pas la déchéance.

VI.

N'y aurait-il pas lieu, avant d'insérer un brevet dans la collection, d'attendre que le paiement de la quatrième annuité ait été effectué?

On ne donnerait ainsi un état civil solennel qu'aux brevets nés viables puisqu'ils auraient commencé à prouver leur vitalité par le paiement de quatre termes. —On ne surchargerait plus désormais la collection d'une foule de stérilités qui découragent, de prime abord, la patience de l'homme le plus laborieux dès qu'il ouvre le recueil monstre, que chaque jour voit grossir de rêves.—Ces rêves, ayant désormais quatre années pour s'évanouir, la collection des brevets deviendrait, par un travail d'épuration spontanée, l'arsenal sérieux des armes que le génie des inventeurs aurait utilement forgées pour détrôner les vieux systèmes qui, jusqu'alors, avaient produit moins et moins bien. — On épargnerait aussi, par cette sage mesure, les fonds de l'Etat qui se perdent à reproduire, à grands frais de textes et de planches irréprochables, des idées qui, le lendemain, tombent dans le néant d'où elles n'auraient jamais dû sortir. —C'est la sanction du temps qui déterminerait en dernier ressort les admissions des découvertes dans le livre d'or de l'industrie.

(1) Cour de Cassation, 1er septembre 1855.

VII.

Ne conviendrait-il pas de mieux définir la nature de la publicité dont il s'agit dans l'article 31 ?

Ne pourrait-on pas décider que la publication ne serait pas suffisante si un long intervalle, vingt-cinq ans par exemple, ne s'était écoulé entre la demande du brevet et l'époque où la découverte aurait été décrite? Ne pourrait-on pas exiger, pour qu'elle entraînât la nullité, que cette publicité ait été le résultat d'essais ou d'expériences faits dans un but commercial et dont l'industrie pourrait avoir eu connaissance et non dans un but spéculatif? (1)

Il est vrai de le dire, si l'article 31 contient, dans son intention, une garantie pour la priorité d'idée qui est la véritable naissance d'une propriété industrielle, il renferme aussi, dans son interprétation et son application, un danger sérieux aux inventeurs de se voir contestés par la raison que, dès avant la date du dépôt de la demande, leur invention aurait reçu, soit en France, soit ailleurs, une publicité suffisante pour pouvoir être exécutée.—Tel qu'il est, en effet, le texte de cet article donne aux concurrents le signal de se mettre en voyage pour s'arrêter de ville en ville, de bibliothèque en bibliothèque; pour en interroger tous les volumes, tous les cartons, afin d'y puiser des éléments susceptibles de faire invalider une découverte qui a le tort grave de ne pas être la leur.—Trop souvent l'on a réussi à exhumer, de quelque vieux volume sans nom, des

(1) Si on résolvait affirmativement cette question, on renfermerait les inventeurs dans un cercle plus étroit encore que celui qu'a tracé autour d'eux le législateur de 1844, déjà si éloigné du législateur de 1791 qui était, à notre avis, plus juste en restant plus large, puisqu'il reconnaissait pour invention TOUT MOYEN d'ajouter, à quelque fabrication que ce pût être, un nouveau genre de perfection.

traits relatifs à la découverte dont la cupidité poursuivait
l'infirmation.—L'inventeur n'a jamais soupçonné l'ouvrage
qu'on lui oppose, il n'a jamais pu le connaître.... peu importe : le tour est joué, le but est atteint ; la découverte
existait, on le prouve pièces en main et les tribunaux le
proclament dans un jugement qui dépossède l'homme
sans lequel le pays, la société ne seraient point encore
dotés de telle industrie vivifiante, qui est un bienfait pour
tous.

Guerre honteuse mais lucrative de ceux qui n'inventent
pas contre ceux qui inventent ; guerre pourtant que le
législateur autorise et récompense sans le vouloir. Il avait
pour but d'arrêter par une digue le débordement du vol
industriel, et il lui ouvre une large issue ; il avait pour
but de prévenir les spoliations, les usurpations, et il les
provoque. Bref, il introduit le loup dans la bergerie.

En vain dira-t-on que, dans le cas d'une invention loyale
mais démontrée tardive, le public est mis en possession de
la découverte. Il n'en résulte pas moins que l'inventeur est
complètement frustré ; que si la société profite, c'est à son
préjudice ; il n'en est pas moins établi qu'avec une pareille
disposition législative, le titre d'inventeur reste toujours un
problème à résoudre, un trésor qui n'inspire aucune sécurité à celui qui le possède ou plutôt qui croit le posséder.— Il
n'en est pas moins évident qu'il y a constamment sur la tête
des inventeurs, suspendue comme une épée de Damoclès, la
menace d'une antériorité. — Encore si la loi fixait un
terme, trois ans par exemple ; un terme passé lequel l'invention serait acquise définitivement et ne pourrait plus être
contestée, elle finirait au moins par donner ainsi une tranquillité tardive mais imperturbable aux inventeurs.

L'on voit tous les jours, en effet, récolter sur le terrein des inventions par celui qui n'y a rien semé ; l'on voit tous les jours une stratégie d'intrigues aboutir, par quelques changements de détail, à escamoter aux auteurs, comme autrefois Bathylle à Virgile, la gloire de leur œuvre : *sic vos non vobis !*

Nous regarderions comme une calamité, Messieurs, que la publication antérieure d'une découverte, pour entraîner la nullité, dût être le résultat d'essais ou d'expériences faits dans un but commercial et dont l'industrie pourrait avoir eu connaissance et non dans un but purement spéculatif.

En effet, si déjà, nonobstant le texte de 1844 qui les préserve à un certain degré, l'inventeur et le public ont été souvent privés de leurs droits par des magistrats qui, faute de compétence dans les matières soumises à leurs appréciations, laissaient surprendre leur religion au profit de quelque prétendu perfectionneur ; que serait-ce si aux mots : « *Publicité suffisante pour pouvoir être exécutée,* » on substituait ceux-ci : « *Publicité résultant d'essais faits dans un but commercial et non dans un but purement spéculatif,* » etc.

Ce serait un appel légal aux appétits des braconniers, qui sont toujours à l'affût pour s'emparer de la chasse d'autrui ; ce serait une mise en état de siége général de la science par l'industrialisme ; ce serait une connivence de la loi avec les criminels, dont elle couvrirait tous les actes de son manteau, au lieu d'étaler leur ignominie à tous les yeux, et d'arrêter au moins, par la crainte du scandale, ceux que n'aurait pu arrêter la voix de la conscience.—Le législateur ne voudra jamais livrer ainsi au pillage le domaine sacré de l'intelligence.—Il visera plutôt à restreindre qu'à mul-

tiplier les ouvertures par lesquelles les amateurs de brevets
peuvent se glisser pour exproprier, sans aucun débours,
les inventeurs.

De l'esprit qui conçoit, Messieurs, à la main qui exécute,
il y a toute la distance de l'âme au corps : et pourtant
que résulterait-il de l'innovation proposée? Que le corps
détrônerait l'âme; que le bras viendrait dépouiller le génie
d'après lequel il a marché.—Si le savant ne veut pas faire
fructifier son idée dans un but commercial, c'est son affaire;
si après avoir eu le mérite de l'invention, il veut avoir
encore celui d'en faire une donation gratuite, dans l'intérêt
du progrès industriel et du besoin social, à la bonne
heure! mais, au moins, un homme ne se rencontrera pas là, sur
les routes de toutes les Académies, pour détrousser les savants
qui s'y rendent, avec les dossiers pleins des élucubrations,
auxquelles ils ont arraché des secrets profitables à l'humanité.

Quelle serait la conséquence d'un article en vertu duquel
« une publicité ne serait pas suffisante, si un long inter-
« valle, vingt-cinq ans par exemple, ne s'était écoulé
« entre la demande du brevet et l'époque où la découverte
« avait été décrite? »

Ce serait, dans tous les cas, constituer un privilége
à un homme qui n'a la propriété de l'invention ni par droit
de conception, ni par droit d'acquisition. Ce serait permettre
à un nom étranger de s'inscrire sur une œuvre qui ne lui
appartient pas. Ce serait déshériter l'intérêt général au profit
d'un intérêt particulier qui ne se légitime pas, puisqu'après
un laps de temps aussi long, il y aurait rigoureusement
lieu de conclure que si l'auteur ne s'est pas pourvu en
demande de brevet, c'est qu'il a voulu enrichir de sa découverte le domaine public.

VIII.

Ne conviendrait-il pas de décider què le bréveté qui n'aura pas acquitté
son annuité avant le commencement de chacune des années de la durée
de son brevet, sera déchu de plein droit, sans qu'il soit besoin de
jugement, et que l'administration aura le droit de constater, en ce cas,
la déchéance en la proclamant par un décret collectif rendu tous les
six mois ?

Oui, les déchéances indiquées par la loi, en cas d'impaiement des annuités, devraient être prononcées par l'administration et insérées dans un bulletin officiel que le
gouvernement publierait tous les six mois.—Un décret collectif
édifierait ainsi régulièrement sur les péremptions encou-
rues par les brevets. — L'industrie pourrait alors entrer
librement sur des terrains réservés jusque-là et y faire des
fouilles de nature à révéler des filons qui n'avaient pas été
devinés par les mineurs primitifs.

Mais avant de transformer ainsi un champ privé en propriété commune, il faudrait, par une sommation admini-
strative, adressée amiablement et gratuitement au possesseur
du brevet, au moins deux mois à l'avance, le mettre en
demeure de payer, sous peine de renoncer, en pleine connaissance de cause, au privilége dont il ne veut plus
acquitter la redevance.

Par ce moyen bien simple, mais bien équitable, le bréveté
se trouvera éclairé sur sa position, et ce sera bien par le
fait de sa volonté et non par celui d'une omission ou d'une
surprise s'il perd ses droits exclusifs.

Il va sans dire, du reste, que comme l'a décidé la Cour
de Paris par arrêt du 13 août 1840, rendu sous l'empire
de la loi de 1791, qui serait réintégrée à cet égard, il va

sans dire « que la taxe imposée au brevet étant introduite
« dans l'intérêt de l'Etat, l'administration aurait le droit
« d'en faire remise ou totale ou partielle; qu'à bien plus
« forte raison elle pourrait donner des délais, accorder des
« facilités pour l'acquitter; que la peine attachée par la loi
« au non paiement de la taxe est évidemment placée aux
« mains de l'administration comme moyen de contrainte.—
« Mais qu'elle seule reste maîtresse d'en user ou de ne pas
« en user, suivant qu'elle le reconnaît juste et équitable. »

IX.

Ne conviendrait-il pas de supprimer ou de modifier l'article 33, relativement à ces mots: *sans garantie du gouvernement?*

Pourquoi l'addition de ces mots: *sans garantie du gouvernement*, a-t-elle été rendue obligatoire, par le législateur
de 1844, à tout homme qui mentionnerait sa qualité de
bréveté ou son brevet? Parce que les brevets étaient, par
un préjugé trop répandu, considérés comme une garantie
du mérite de l'invention; parce que, spéculant sur ce préjugé, certains individus brévetés exploitaient indignement la
bonne foi des ignorants.—A-t-on réussi, par cette mention,
à empêcher un genre de fraudes qui discrédite le commerce
et abuse les consommateurs? On y serait peut-être parvenu
si le gouvernement eût tenu sévèrement la main à l'exécution de cet article.—Mais loin de là, les brévetés d'abord
ont remplacé les quatre mots sacramentels: *sans garantie
du gouvernement*, par leurs quatre initiales insignifiantes:
s. g. d. g.—Ces initiales équivalent, pour le vulgaire, à
la suppression même de la mention qui avait été imposée

pour le préserver d'erreur.—La justice n'a pas poursuivi.
—Puis, les mêmes initiales, d'abord visibles et dont on
pouvait au moins demander l'explication, ont été ajoutées
au mot brevet, mais en caractères relativement microsco-
piques et imperceptibles.—La justice n'a pas poursuivi.—
Enfin, quelques brévetés ont poussé l'audace jusqu'à regarder,
sur ce point, la loi comme non avenue, en faisant dispa-
raître tout-à-fait l'indication prescrite.—La justice n'a pas
poursuivi.

Il vaut mieux changer la loi que d'en tolérer la violation.
—Que le gouvernement fasse exécuter la disposition, dont
il s'agit, selon sa teneur, ou qu'il l'abroge; dans le
premier cas, le public recueille le bénéfice de l'exécution;
dans le second, il n'a pas le spectacle toujours fâcheux de
l'impunité acquise à des coupables.

Il n'est pas possible, selon nous, tant que subsistera la
loi de 1844, basée sur le *non examen*, de remplacer cette
mention par une autre qui impliquerait une appréciation.—
Le gouvernement, en effet, n'est pas plus juge actuellement
de l'invention à laquelle il délivre un brevet, qu'un receveur
d'enregistrement ne l'est de l'acte qu'il transcrit sur ses
registres. L'un et l'autre laissent chaque chose en état.—
La neutralité exprimée par les mots *sans garantie du gouvernement*, sauvegardait du moins la responsabilité admi-
nistrative et offrait aux transactions la plus complète
liberté.—Du moment où on renonce à appliquer cet article
de la loi, qu'on le supprime, et du même coup on suppri-
mera tout le tort que nous fait, à l'extérieur, cette espèce
de défiance officielle attachée aux produits de la France,
que les étrangers considèrent comme stygmatisés par le
gouvernement lui-même qui leur refuse sa caution.

IV

X.

Serait-il possible ou utile d'attribuer, soit à un jury unique siégeant à Paris, soit à des jurys départementaux, le jugement des délits de contrefaçon et de toutes les contestations qui intéressent les inventeurs ?

Il y a là, Messieurs, une question bien grave, d'autant plus grave, qu'elle semble contenir le germe du bouleversement de la loi actuelle, en portant un commencement d'atteinte à son principe : le *non examen*.

En effet, dès qu'on aura commencé à adopter le principe d'examen, pour régler les différends relatifs aux brevets d'invention ; dès qu'un jury spécial qui formera en quelque sorte, comme dit Monsieur le Ministre, le conseil de prud'hommes des inventeurs, aura dû faire comparaître, par-devant lui, plusieurs inventions, pour les étudier, les examiner à fond et les juger contradictoirement, le premier pas sera fait. Il n'y aura pas de raison pour s'arrêter.—Après avoir scruté et interrogé séparément chacune des découvertes, qui donneront lieu à des litiges, pour prononcer entre elles, en pleine connaissance de cause, on sera entré dans une voie nouvelle.—Entre apprécier des inventions, les unes par rapport aux autres, et les apprécier une à une et en elles-mêmes, il n'y a qu'une légère distance. Et d'ailleurs comment juger comparativement, si l'on n'a d'abord jugé chacune des prétentions qui se dressent dans les procès ; et si l'on a jugé absolument quelques inventions, sans y voir d'inconvénient, pour vider un litige, pourquoi ne les jugerait-on pas toutes isolément et dès avant aucune concession de brevet ? Si l'on ne s'effrayait pas outre mesure des embarras inséparables d'une grande innovation, quel mal y aurait-il dans l'inauguration de ce nouveau système?—Le régime auquel nous avons affaire n'a-t-il pas encouru assez de condamnations?

Nous n'avons pas le droit de le mettre en doute, Messieurs, d'après les expériences qui se sont multipliées sur la matière, depuis onze années, le brevet a bien des fois conféré le privilége des procès, des tracasseries, des dépenses.— Vous avez vu, dans nos murs, Messieurs, une intelligence d'élite, un cerveau riche et fécond, aboutir, après de longs travaux de conception, de méditation, d'expérimentations, à des résultats merveilleux ; doter le monde d'une découverte qui a fait révolution dans la marine, par l'application de l'hélice (1) à la navigation.—Et dire que c'est en Angleterre (2) qu'un enfant de la Picardie, naturalisé Abbevillois par ses habitudes et ses relations de parenté, a dû chercher, pour son invention, une patrie moins ingrate ou moins insoucieuse que la France.—Vous avez tous connu, Messieurs, Frédéric Sauvage, au front large, toujours chargé de pensées, au regard constamment fixé sur la route qui devait le conduire au succès; vous l'avez connu alors.... mais le reconnaîtriez-vous aujourd'hui, aujourd'hui tel que l'ont fait les tribulations, les injustices, les chagrins? Sauvage avait épuisé toutes les ressources (3) de sa fortune personnelle,

(1) Voir, sur l'*hélice-marine*, l'annexe I, à la suite de la présente délibération.

(2) On sait que des propositions furent faites à F. Sauvage pour porter son système en Angleterre, où il avait pris un *caveat*, avant de prendre son brevet à Paris, en 1832.—Mais ce qu'on sait moins, c'est que F. Sauvage déclina l'obligation qu'on lui imposait, pour faire revivre son *caveat*, d'anéantir le brevet pris en France.—C'est par patriotisme uniquement qu'il fit ce sacrifice de ses intérêts, comptant bien que les applications faites en Angleterre finiraient par convaincre son pays et y faire adopter l'hélice-marine.

(3) Il avait, dans l'espace de dix ans, dépensé 80,000 francs en essais divers, sans jamais obtenir le concours de la vapeur, sous le prétexte gratuitement allégué que son procédé était *inapplicable en grand*

peut-être même celles des emprunts de famille, qu'il avait raisonnablement le droit d'hypothéquer sur ses découvertes; eh bien! Sauvage a été contesté, volé, pillé.... L'un a changé le nombre, l'autre la forme, un troisième la direction des ailerons de son hélice.—Son invention voyage désormais sur toutes les mers, elle transforme, dans tous nos ports, les anciennes constructions navales.... Et lui! lui ce génie dans lequel le feu sacré a fini par s'éteindre, à force d'être méconnu, il attend, sans en avoir la conscience, le moment où se brisera l'enveloppe de terre qui survit seule à son intelligence.

Nous ne vous citerons, Messieurs, que cette victime des brevets, car elle nous touche de près! Aussi bien le martyrologe des inventeurs serait trop long et trop triste à dérouler sous vos yeux. Seulement, faisons des vœux pour que la législation ne force plus les inventions à demander l'hospitalité à la terre étrangère, en leur refusant l'attention, la sollicitude et la sécurité auxquelles elles ont tant de titres.

La loi de 1844, Messieurs, n'a pas réduit le nombre des procès; elle n'a pas, en général, enrichi les inventeurs, elle les a même souvent ruinés, souvent saturés d'inquiétudes, de malaises, de dégoûts; elle les a parfois chassés de leurs cabinets d'études, de leurs salles d'expériences pour les traîner devant les tribunaux; elle a notamment empêché la vente des brevets, qui ne sauraient vivre sans la confiance inséparable d'une solidité qu'ébranle la crainte incessante d'être accusés, voire même convaincus de *non nouveauté*.

Le métier d'inventeur, chez nous, est le plus triste et le plus laborieux des métiers.—Au lieu de la noblesse, de la grandeur, de la considération, de la fortune, de la reconnaissance qui doivent l'accueillir comme l'incarnation de l'intelligence, il est traité comme suspect, soumis à une dîme fiscale, traqué par la contrefaçon aux allures de Protée, trop peu protégé par la loi, trop peu défendu par le magistrat, qui ne se méprend pas à un vol civil, dont il a étudié tous les caractères en compulsant les pandectes, mais qui n'a puisé, dans le code, aucune des connaissances spéciales pour dépister, sous les masques dont il se couvre, le vol industriel. De là, travaux, peines, ruines, perte des facultés mentales pour l'inventeur qui, parfois, va demander à la mort même un refuge contre les douleurs de la vie. — Ses enfants, au lieu d'hériter la gloire qu'il voulait leur constituer en patrimoine, n'héritent que la misère qu'il avait tout fait pour conjurer.

Plus de soixante ans se sont écoulés, Messieurs, et cependant il y a encore une pénible actualité à rappeler les éloquentes paroles de Monsieur de Boufflers, au sein de l'Assemblée nationale : « Combien de citoyens précieux, après avoir négligé le « soin de leur fortune pendant les plus belles années d'une vie « consumée en études, en recherches, en méditations; après « avoir épuisé leur patrimoine en fabrication, en essais « infructueux, et surtout en vaines démarches, voyaient « souvent leur espoir, et le mieux fondé, s'évanouir tout-à- « coup! Combien d'entr'eux, en proie à tous les besoins, « privés de ressources, accablés de regrets et d'inquiétudes, « se sont expatriés ou bien ont langui dans des asiles « ignorés et souvent humiliants!... Nicolas Briot, ajoutait « l'illustre représentant du peuple, Nicolas Briot, inventeur « du balancier à frapper les médailles; Argant, le créateur « des lampes à doubles courants; Reveillon, fondateur de « la première manufacture de papiers peints; Lenoir, cet

« artiste si distingué dans la fabrication des instruments de
« précision.... » Autant de noms qui protestaient contre la
législation d'alors.

Nous pourrions allonger cette liste de génies méconnus et
prouver que sous le régime de 1844, comme sous celui de
1791, si le législateur a changé, les maux sont restés. — On
juge un arbre par ses fruits, une loi par ses œuvres. — De par
la loi de 1844, ce sont toujours les abeilles qui produisent
le miel et trop souvent les frélons qui le consomment. — Il
reste donc démontré que notre code de brevets réclame
une impérieuse réforme ; or, cette réforme, Messieurs,
S. Exc. Monsieur le Ministre du Commerce, dans sa sollicitude pour l'intérêt des inventeurs et pour celui de la société,
non moins que par attrait pour l'équité, se propose d'en
confier la préparation au laboratoire éminent du Conseil
d'Etat.

Nous en sommes d'autant plus heureux, Messieurs, que
si, maintes fois, vous nous avez entendu regretter qu'il
n'y eut pas, pour revoir les jugements consulaires, une
cour d'appel consulaire, composée de présidents ou d'anciens
présidents des tribunaux consulaires du ressort, attendu
l'indispensable nécessité d'avoir recueilli les mille expériences
d'une saine pratique pour apprécier certains faits (car les
cours d'appel sont souveraines dans l'appréciation des faits),
à plus forte raison déplorons-nous ici, tout haut, que des
objets aussi particuliers, aussi exceptionnels que l'industrie
et ses procédés, dont les inventeurs n'ont rien à faire avec
les subtilités de l'avocat, viennent tomber dans le droit
commun et attendre leur sort d'hommes fort distingués d'ailleurs, mais positivement étrangers aux matières qui attendent
leurs arrêts. — Si l'on objectait que les tribunaux ordinaires

ont toujours la ressource des experts pour étayer leur
décision, nous répondrions qu'il n'est pas, en province
notamment, un seul tribunal qui, dans l'espèce, ait à son
service un corps d'experts suffisant quant au nombre, suffisant
quant à la capacité, pour éclairer le plus souvent la marche
de la justice.

Nous respectons trop, Messieurs, le principe fondamental
de la liberté du commerce et de l'industrie, tel qu'il a été
inauguré par la suppression des maîtrises et des jurandes,
pour demander qu'on revienne au passé.—Non, nous ne
nous ferons pas les apologistes quand même d'un temps qui
n'est plus, les défenseurs imprudents d'une cause perdue.
—Il y aurait anachronisme, nous le reconnaissons, à res-
susciter les maîtrises et les jurandes en plein xixᵉ siècle.
—Mais nous constatons loyalement que tout n'était pas à condamner dans ce régime de restriction absolue (1), comme
tout n'est pas à approuver dans le régime de liberté
illimitée.

On nous oppose les difficultés qui naîtraient, sans nombre,
du principe de l'*examen préalable*; on nous répète avec
Monsieur Jobard, *des Débats*, « Il n'y a pas de commission
« d'académie ou de corps quelconque, lors même qu'il
« serait composé d'hommes les plus éclairés, qui puisse
« apprécier la valeur ou l'avenir d'une invention qui vient de
« naître. »—Cet économiste, que la Belgique avait délégué
comme Commissaire à l'Exposition universelle de 1855,
compare, avec plus d'esprit peut-être que de justesse,
une pareille prétention « à celle d'un comité d'astrologues,
« installé à l'état-civil, pour tirer l'horoscope des enfants

(1) Voir, ci-après, l'annexe II.

« nouveaux-nés, refusant d'inscrire les uns, condamnant
« les autres à l'idiotisme, pour en élever d'autres à l'état
« de prophètes et de demi-dieux. — Telle est cependant,
« ajoute le Directeur du Musée de l'Industrie belge, l'in-
« stitution que réclament quelques personnes qui ne se
« rappellent pas les erreurs dans lesquelles est tombée
« l'Académie des Sciences envers Fulton, Harvey, Jenner
« et Parmentier, et qui n'ont pas entendu parler des inju-
« stices et des bévues commises par les comités d'examen
« établis à Washington, à Berlin et à Saint-Pétersbourg. »

« Les arts et le commerce, » avait dit avant lui Monsieur
Philippe Dupin, rapporteur de la loi de 1844, « vivent de
« liberté. — On n'a pas cru devoir les déshériter du respect
« de notre législation, en général, pour la libre manife-
« station de la pensée, sous quelque forme qu'elle se
« produise, et de sa répugnance pour les mesures préven-
« tives, si fécondes en abus. — L'examen préalable serait
« une censure en matière d'industrie. — Comment, par
« exemple, décider qu'un fait industriel est nouveau et
« qu'il ne s'est pas produit dans l'enceinte d'une manufac-
« ture ou dans la retraite d'un ouvrier obscur et laborieux ?
« Comment prévoir et juger le degré d'utilité d'une décou-
« verte à peine née, qui n'a reçu aucuns développements,
« qui n'a pas encore subi l'épreuve de l'application ? Quels
« seront les contradicteurs de ce débat ? Qui représentera
« les parties intéressées, et même, où prendre des juges ?
« Qui exercera cette magistrature conjecturale sur le do-
« maine de la pensée et de l'avenir ? Sera-ce un commis
« métamorphosé en juré des choses industrielles qu'il ignore ?
« Prendra-t-on un homme pratique, qui souvent n'est qu'un
« homme de routine, pour juger un homme de théorie et

« d'inspiration? Appellera-t-on des savants, qui, pour être
« savants, ne savent pourtant pas encore toutes choses; qui
« ont leurs préventions, leurs préjugés, leurs coteries; dont
« le postulant contredit peut-être les doctrines, les travaux,
« les idées? Ce sont là de véritables impossibilités. — On
« l'a dit avec autant d'esprit que de raison: En cette ma-
« tière, la seule procédure convenable est l'expérience, le
« seul juge compétent est le public.

« D'un autre côté, le jugement rendu sera-t-il souverain?
« Alors combien d'intérêts ignorés pourront être compromis!
« Pourra-t-il être reformé par les tribunaux? Voilà le
« pouvoir administratif soumis au pouvoir juniciaire.

« Enfin l'examen préalable emporterait responsabilité
« morale pour le juge et garantie pour l'invention; double
« écueil qu'il fallait éviter. »

Nous avons, Messieurs, présenté dans toute leur force les
arguments favorables au *non examen;* nous croyons les
résumer en disant que l'examen préalable:

1° Viole, quant à l'industrie, le principe absolu qui con-
sacre la libre manifestation de la pensée, sous quelques
formes qu'elle se produise;

2° Suppose l'infaillibilité et l'incorruptibilité humaine, en
dépit des faits historiques qui déposent du contraire;

3° Engage la responsabilité du jury et par conséquent
celle du gouvernement, sous l'autorité duquel il siége et
rend ses décisions.

1° Est-il vrai qu'il viole le principe absolu de la libre
manifestation de la pensée?... Si, dans l'ordre politique,
on arrête la liberté dans son élan, pour lui creuser un lit
où elle coule sans déborder; si on a tracé à la presse
des règles pour que désormais, cessant d'incendier, elle

se contente d'éclairer; si la tribune elle-même a dû changer ses allures, et si les orateurs n'ont plus le droit, sous le prétexte de discuter, au-dedans, des questions d'administration ou d'économie, de s'adresser aux passions du dehors; pourquoi n'introduirait-on pas aussi une modification analogue dans l'ordre industriel? — Ce serait d'autant plus rationnel, selon nous, Messieurs, qu'il nous semble qu'entre l'examen préalable forcé et le non examen, on pourrait trouver un moyen terme qui donnât satisfaction à toutes les aspirations légitimes.

2° L'examen préalable ne suppose pas l'infaillibilité et l'incorruptibilité humaine, ne suppose pas conséquemment l'impossible. — La justice, en France comme partout, est rendue par des tribunaux composés d'hommes. — Sur chacun des siéges judiciaires s'asseoient, avec le juge, les erreurs, les préjugés, les passions de l'homme. — On ne dépouille pas sa nature en endossant une robe. — A quoi tient-il pourtant que l'organisation de la magistrature française et du système de hiérarchie qui font évidemment de ses différents étages judiciaires un édifice si complet, soit enviée de toute l'Europe? C'est qu'un tribunal est une personne morale et collective, composée d'éléments individuels qui modifient et corrigent leurs impressions réciproques, et qui, somme toute, se donnent un rendez-vous de conscience autour du droit naturel et du droit écrit qui doit en être la promulgation. — Voilà comme le juge absorbe l'homme! Les justiciables se plaignent-ils que les tribunaux ne leur offrent pas toutes les garanties de lumières et d'indépendance? Nullement. Il est annuellement introduit:

devant les tribunaux de paix . . . 2,373,848 demandes,
devant les tribunaux de commerce. 201,207 litiges,

devant les tribunaux civils	128,138 instances,
devant les tribunaux criminels . .	5,159 accusations,
devant les cours impériales	9,000 appels,
devant la cour suprême.	700 pourvois.

La différence du nombre des affaires entre le premier degré de juridiction et le second, entre le second et le troisième est une déclaration tacite mais suffisante de la manière dont les plaideurs eux-mêmes rendent justice aux tribunaux, en s'inclinant devant leurs décisions.

Quant à la justice criminelle rendue par les cours d'assises et sur les déclarations du jury qui est, lui aussi, sujet à adopter comme vrai ce qui réunit la plus grande somme de vraisemblance, et à admettre comme démontré tout fait qu'enveloppent les apparences les plus accusatrices et les présomptions les plus graves; quant à la justice criminelle, dirons-nous, si elle a payé parfois son tribut à l'erreur, c'est un malheur à jamais regrettable, mais heureusement les Calas, les Lesurque et les Lesnier sont des phénomènes! et ces phénomènes s'expliquent encore par la perversité des vrais coupables, qui, pour échapper à la peine de leurs crimes, avaient accumulé contre les innocents, qu'ils s'étaient habilement substitués, tout un système de circonstances et de faux témoignages à travers lequel il n'y avait peut-être que Dieu capable de discerner la vérité.

Parce que la justice s'est trompée et peut se tromper encore, quelqu'un songera-t-il à supprimer la justice criminelle, civile et commerciale? — Parce que la justice industrielle pourra se tromper, est-ce une raison pour lui refuser l'existence légale et un fonctionnement régulier? — Parce que le jury qui distribue les récompenses à l'issue des expositions st faillible, va-t-on supprimer les distributions solennelles qui les couronnent?

3° Enfin l'examen préalable engage la responsabilité du jury et par là même celle du gouvernement, sous l'autorité duquel il agit.—Cette conséquence est aussi étroite que juste et c'est un bien.—Oui, c'est un bien que le jury soit responsable; c'est un bien pour les justiciables, c'est un bien pour les juges.—Dans cette responsabilité, il y a pour les inventeurs une garantie, car il y a pour les juges une obligation de conscience et d'honneur.—Tout juge s'identifie avec le jugement qu'il rend, il le construit de manière à y concentrer toutes les ressources de son esprit et toute la droiture de son cœur.—Si le justiciable, d'ailleurs, relève du juge, le juge à son tour relève de l'opinion.—Indubitablement donc, lentement s'il le faut, il réunira de toutes parts un faisceau de lumières, et il aura toujours, pour le retenir, la crainte de se condamner en condamnant indûment une découverte à laquelle désormais son nom resterait attaché comme à un pilori.

Ce tribunal, du reste, jouirait de tous les moyens d'instruction acquis aux tribunaux ordinaires, tels que l'examen, les interrogatoires, les enquêtes, la publicité, etc., il pourrait juger par section en première instance, toutes sections réunies en dernier ressort.—Il serait astreint à faire précéder son dispositif dans chaque affaire des motifs qui auraient déterminé sa conviction.—Ses arrêts seraient envoyés à tous les corps savants, à tous les corps commerciaux et industriels dont il aurait, avant faire droit, la faculté et quelquefois le devoir de demander le concours. —Il ne prononcerait jamais, sans qu'aux membres éminents, qui planent dans les hauteurs de la science, soient venus s'adjoindre, dans une proportion rassurante, les hommes distingués que la pratique la plus perfectionnée compte dans le pays. Ce jury offrirait, d'ailleurs, une nouvelle autorité, une nouvelle garantie d'intégrité, dans le siége unique de sa résidence, Paris, où se trouvant à distance des justiciables, il ne connaîtrait que les causes en instance, sans se préoccuper des personnes en jeu.—Mais au moins quand il aurait prononcé, comme résultat définitif, l'inventeur serait sûr de son invention.— Sa propriété serait inattaquable; il serait proclamé le créateur du progrès qu'il aurait introduit, et, pour constater sa paternité, il lui serait délivré un titre, moyennant lequel il pourrait attendre, de pied ferme, les parasites avides, les spéculateurs téméraires qni seraient tentés de violer son terrein.

On dira peut-être que c'est là constituer un tribunal exceptionnel.— Mais pourquoi n'y aurait-il pas un tribunal spécial pour chaque grande spécialité? Il y a bien tribunal criminel, tribunal civil, tribunal commercial, tribunal administratif, tribunal militaire, tribunal maritime, etc.— Il n'y aurait donc que l'industrie, l'industrie qui embrasse dans son vaste réseau tout le personnel qui transforme en produits fabriqués les matières premières indigènes et exotiques, qui serait privée d'une juridiction capable d'établir et de délimiter son droit au point de vue des procédés?— Parce que cette institution n'existe pas encore, est-ce une raison pour qu'elle n'existe jamais?—Parce que notre législation présente une lacune, est-ce une raison pour ne pas la combler? Parce que nous sommes inféodés à l'immobilisme de l'habitude, est-ce une raison pour résister à la loi du progrès?

Mais, ce tribunal, où trouver les éléments nécessaires pour le former? Cette question seule est une injuste accusation d'impuissance à l'adresse du pays: or, impossible n'est pas français. — Quoi! on pourvoit bien à la composition d'une cour souveraine, de vingt-sept cours impériales, de trois cent soixante-trois tribunaux de première instance, de deux cent soixante-dix-huit tribunaux de commerce, de deux mille huit cent trente-cinq tribunaux de paix; on n'a jamais manqué d'éléments pour la nomination du conseil d'Etat ni des quatre-vingt-six conseils de préfecture, etc., et l'on ne trouverait pas un personnel digne et capable de siéger dans le jury suprême de l'industrie?

De tous les arguments produits en faveur du *statu quo*, Messieurs, celui qui nous a fait le plus d'impression, c'est celui tiré de la liberté de l'industrie, liberté que nous ne voulons pas supprimer, en dernière analyse, mais qu'il nous suffirait de voir réglementer.

Et quand notre grand jury serait formé et mis en action, porterons-nous inévitablement devant lui toutes les demandes de brevets? — Non, Messieurs, la liberté la plus entière serait laissée aux inventeurs de se soumettre ou de se soustraire à l'action du jury, — Seulement, les brevets qui seraient délivrés d'après le rapport du jury, porteraient la mention : « *Brevets sur examen*, » tandis que les autres seraient simplement indiqués : « *Brevets sur dépôt*, » ou même purement et simplement : « *Brevets*. »

Par analogie à ce que nous proposons, Messieurs, qu'arrive-t-il à la fin des études lorsque les élèves ont terminé leur philosophie? Les uns affrontent l'examen du baccalauréat, les autres le déclinent; parmi les premiers les uns obtiennent, les autres manquent le diplôme. — Tous ont terminé leurs études... et pourtant les bacheliers ont un passeport dont les autres sont privés.

Il n'y a pas de doute pour nous, Messieurs, que l'inventeur qui aura traversé victorieusement l'épreuve du tribunal solennel, n'ait son entrée chez les capitalistes, dont la confiance aime à placer des fonds sur les certificats d'une science aussi éminente que désintéressée (car là, il y a une bonne caution, une solide hypothèque), mais dont le bon sens repousse, sans pitié, tous ces inventeurs de la pierre philosophale, qui, à travers un tourbillon d'idées et d'espérances chimériques, n'ont trouvé qu'un secret, celui de faire des dupes.

En restant facultatif, l'examen préalable concilie, selon nous, tous les intérêts, il sauvegarde la liberté et il garantit la sécurité ; voilà, Messieurs, comme nous croyons que le problème pourrait être résolu.

Nous ne nous faisons pas d'illusion, Messieurs, sur l'importance et l'ampleur du sujet que nous avons abordé dans la mesure de nos forces ; nous ne nous faisons pas d'illusion, non plus, sur la hardiesse, la témérité même qui nous ont fait mettre la main sur l'arche sainte de l'habitude, le principe du *non examen*.—Mais, mis en demeure par la circulaire ministérielle, couvert par votre mandat et cédant à la profonde conviction d'un besoin social, nous avons travaillé, médité, conclu; trop heureux si vous partagez nos vues que nous offrons, en toute déférence, à votre approbation.

Avec plus de temps, Messieurs, nous aurions peut-être pu resserrer nos pensées dans un rapport moins prolixe ; nous vous les livrons sans apprêt, comme l'expression spontanée d'une conviction qui se préoccupe peu de la manière dont elle se produit, pourvu qu'elle se produise.

La Chambre, qui avait délégué cinq de ses Membres pour traiter la matière et préparer une réponse à chacune des questions posées par S. Exc. Monsieur le Ministre du Commerce, dans sa circulaire de décembre 1854, se range unanimement aux solutions indiquées par la Commission et aux motifs qui les appuient.

Elle décide, en conséquence, que le rapport qu'elle vient d'entendre sera envoyé au Ministre compétent, puis livré à l'impression et distribué aux Chambres de Commerce de l'Empire.

Fait et délibéré les jour et an que dessus, par les Membres de la Chambre présents:

A. COURBET-POULARD, *Président*, *Rapporteur de la Commission*; — DECAIEU-WALLOIS, — DESGARDIN, — A. GORET, — HERSENT-VASSEUR, — F. MAGNIER, — A. LOTTIN, — CH. SCELLES.

Pour copie conforme:

Le Président de la Chambre de Commerce d'Abbeville,

A. COURBET-POULARD.

ANNEXES.

I.

Il n'y a plus aujourd'hui qu'une voix sur la supériorité acquise aux bâtiments à vapeur, depuis la substitution du système de l'hélice à celui des roues à aubes.— Il n'est donc pas sans intérêt d'étudier l'hélice, ses avantages, son origine.

1. L'HÉLICE. — En mécanique, on appelle *hélice* tout appareil en forme de vis. — L'hélice, qui transforme partout, à l'heure qu'il est, nos bâtiments à vapeur, n'est qu'une nouvelle et importante application de la *vis ordinaire;* la théorie de leur action est dès-lors absolument la même.

L'hélice est placée à l'arrière du navire et fixée à l'étambot, dans une direction oblique; elle a au moins 0^{m}60 d'immersion. — Elle est mise en jeu par la machine à vapeur, qui palpite au centre du bâtiment, et qui lui communique une vitesse de rotation de 100, 150 et même 200 tours par minute. — Par l'effet de cette impulsion rapide, les ailes de l'hélice, frappant obliquement l'eau, la repoussent avec violence et font ainsi avancer le navire de 10 à 12 milles à l'heure.

Le mécanisme hélicoïde, s'il était employé suivant les véritables idées de son auteur, consisterait en deux hélices disposées parallèlement à la quille, sous les formes rentrées de l'arrière (disons le mot technique, sous les fesses du navire), un peu en avant du gouvernail, dont elles augmenteraient considérablement l'action, en chassant avec force le fluide dans une direction qui lui est parallèle.

Les hélices se font ordinairement en fer et d'un seul jet de fonte: si la préférence est accordée au fer, quoiqu'il résiste bien moins que le cuivre à la corrosion de l'eau de mer, c'est uniquement à cause de la différence énorme du prix entre les deux métaux. — Mais, pour les bâtiments doublés en cuivre, il faut que l'hélice soit au moins en bronze, attendu l'oxidation que contracte le fer au voisinage du cuivre.

II. SES AVANTAGES. — Ils sont aussi nombreux qu'importants :

1° L'hélice est préservée à la fois de l'atteinte des boulets, du choc des abordages, de la chute des mâts et d'autres accidents de ce genre. — La machine peut être logée au-dessous de la flottaison, surtout dans les vaisseaux de hauts-bords.

2° L'artillerie peut établir ses batteries, sans discontinuité, sur toute la longueur du bâtiment, dont les flancs, si vulnérables naguère et si impuissants, sont maintenant armés de toutes pièces, pour l'attaque comme pour la défense.

3° Les bâtiments à hélice doivent à la suppression des roues, qui réduit notablement leur largeur, de pouvoir entrer librement dans les ports, dans les bassins jusqu'alors inaccessibles aux bâtiments à aubes, et manœuvrer facilement parmi d'autres embarcations.

4° L'hélice, toujours immergée, est insensible aux secousses du roulis et du tangage; elle fonctionne avec une régularité tout-à-fait indépendante de l'inclinaison du navire; tandis que, dans le système antérieur, quand les roues émergent et tournent dans le vide, la machine est emportée (faute de la résistance sur laquelle elle comptait) par un élan tellement désordonné qu'il faut, pour prévenir des désastres, fermer les registres de la vapeur.

5° Grâce à cette immersion permanente, l'on peut faire de la toile par le vent du travers et au plus près, ce qui permet de gréer un bâtiment à hélice à peu près comme un bâtiment à voile.

6° Comme le navire peut marcher à la voile, et que le déplacement de l'hélice est beaucoup moindre que celui des roues latérales, il en résulte que le moteur devra être bien moins puissant et son emplacement bien plus restreint, ce qui se traduira par une économie de combustible et d'espace à la fois.

7° Quelque soit son chargement, le bâtiment à hélice avance toujours du même pas, tandis que le bâtiment à roues perd sur sa marche habituelle, lorsqu'au départ la surcharge de charbon fait plonger plus profondément les roues.

8° Il n'est pas nécessaire de recourir à la vapeur, sinon par les calmes et les vents contraires; en conséquence, lorsque par un bon temps on met la voile dehors, on peut désembrayer la machine et se conduire comme avec les voiliers ordinaires, vis-à-vis desquels la vitesse du bâtiment aura une infériorité de 1/25ᵉ s'il traîne son propulseur, et une égalité absolue s'il a remonté son hélice à bord par le puits pratiqué *ad hoc*.

III. SON ORIGINE. — Il n'y a donc plus désormais deux opinions sur le progrès introduit par l'hélice dans les constructions navales qui s'adaptent de toutes parts, à ce nouveau système. — Mais, plus l'hélice est appréciée par ceux-là même qui l'ont le plus méconnue, plus il a dû surgir de compétiteurs pour revendiquer l'invention de cette vis magique. — Or, l'hélice n'est, en quelque sorte, que l'imitation faite aussi fidèlement que possible, par un génie observateur, des ressources de propulsion qui sont contenues dans la queue du poisson (1) et dans le mouvement varié des contractions de ce gouvernail cartilagineux dont l'animal se sert lorsqu'il fait ses évolutions dans l'élément liquide pour lequel il a été formé, et muni providentiellement d'un système complet de forces motrices, en rapport avec la natation dans tous les sens, qui appartient à sa destinée.

Sans tenir compte de la foule des prétendants qui se dressent à l'envi pour s'attribuer la paternité de l'hélice; sans tenir compte des nombreux amours-propres qui, grandis de toute la proportion qu'a prise cette belle découverte, qui a le présent et l'avenir pour elle, voudraient faire inscrire ce propulseur sous-marin comme l'enfant de leur génie: nous nous contenterons d'arriver, avec le fil conducteur d'autorités imposantes, au véritable point de départ de l'hélice actuelle.

Dans le volume (2) déjà cité de Monsieur l'amiral Bouet, dont personne ne contestera ni la haute et pleine compétence, ni la profonde et consciencieuse érudition; dans ce volume, non moins saturé de science que de faits, nous lisons: « ...... A qui revient le mérite principal de « l'application des propulseurs hélicoïdes à nos navires à vapeur? Nous « allons en dire quelques mots d'autant plus volontiers que l'idée de cette

----

(1) Monsieur l'amiral Bouet-Willaumez, dans un ouvrage du plus haut intérêt, *les Batailles de terre et de mer jusqu'à la bataille de l'Alma*, qu'il vient de publier, fait observer fort judicieusement que, lorsqu'on a cherché à imiter un poisson nageant très-vite, propulsé par la queue, il n'a pas été permis à l'homme de reproduire un agent de propulsion élastique comme cette queue et se prêtant aux mouvements du fluide selon l'instinct et la volonté dont la nature a doué cet animal.

(2) Pages 408 et 409.

« application est une de nos gloires nationales, comme l'application elle-
« même fait plus particulièrement honneur au génie persévérant de nos
« voisins...... »

« On ne compte pas moins de cent personnes qui aient cherché..... à
« donner aux bâtiments à vapeur un mode de propulsion mécanique par
« l'arrière.

« La découverte de la navigation par la vapeur, avait dit auparavant
« Monsieur L. Figuier (1), vint donner beaucoup d'intérêt aux travaux
« exécutés jusqu'à cette époque sur l'hélice. Un grand nombre d'essais
« nouveaux furent entrepris dans cette direction ; cependant, *toutes ces*
« *recherches, restées sans résultat pratique, ont peu d'importance aujour-*
« *d'hui....* Signalons seulement les remarquables travaux exécutés en
« France en 1823. »

« Ce fut en 1823, reprend ici l'amiral Bouet-Willaumez, alors que la
« navigation à vapeur ne commençait à révéler ses progrès futurs qu'aux
« hommes les plus clairvoyants, que le capitaine français *Delisle* adressa
« au ministère de la marine un mémoire relatif à l'application de la vis
« d'Archimède, comme agent propulsif des navires à vapeur. M. *Delisle*
« proposait de construire cette vis.... suivant des plans et des calculs qui
« ont fait apprécier depuis toute la sagacité et l'exactitude de cet
« officier.

« En 1838, Monsieur *Ericson* prit un brevet pour un système de vis
« semblable à celui proposé par *Delisle*.— La première application en fut
« faite sur le *Robert Stokton*, petit vapeur de la force de 60 chevaux.
« Les vis, au nombre de deux, étaient placées de chaque côté de l'étambot
« et disposées d'une manière identique avec celle proposée par le capitaine
« *Delisle* en 1823.

« Mais, avant que M. *Ericson* eût fait passer la vis *Delisle* du domaine
« de la théorie dans celui de la pratique, un de nos compatriotes,
« *Monsieur* Sauvage, *avait offert au Gouvernement une nouvelle occasion*
« *de faire le premier l'application d'un autre système de vis à bord des*
« *bâtiments à vapeur.*

« Cet *habile mécanicien, constructeur à Boulogne*, maniait la godille
« avec une telle habileté, qu'il imprimait seul, par ce moyen, c'est-à-
« dire à l'aide d'une rame placée à l'arrière d'une embarcation, une

(1) *Exposition et histoire des principales découvertes scientifiques modernes.*
(3e édition, page 315).

« vitesse plus grande que celle qu'elle pouvait recevoir de deux rameurs
« agissant, un de chaque côté. En réfléchissant aux moyens d'appliquer
« aux bâtiments à vapeur un système de propulsion analogue, *il songea*
« *à la vis et prit, en 1823, un brevet d'invention.* — Depuis cette époque
« jusqu'aux essais que nous allons voir se produire par Monsieur *Smith*,
« Monsieur *Sauvage* ne recula devant aucune démarche, aucun sacrifice,
« afin de faire prévaloir ses idées aussi bien auprès du Gouvernement
« qu'auprès des particuliers ; — mais il échoua dans toutes ses tentatives,
« *et ce fut Monsieur* Smith *qui, prenant un brevet en 1836, appliqua le*
« *premier une vis pareille à la vis Sauvage, à bord du bâtiment à*
« *vapeur l'Archimède (1). — Nous ne voulons pas dire que Monsieur* Smith,
« *qui a habité Boulogne, se soit emparé de l'idée de Monsieur Sauvage,*
« *dont la presse de Paris et des départements avait souvent retenti avec*
« *détail ; toutefois, les analogies entre ces deux vis frappèrent chacun,*
« *et,* SI L'ON VEUT BIEN CONSIDÉRER LES DATES DES BREVETS, ON NE POURRA
« REFUSER A MONSIEUR SAUVAGE L'HONNEUR, RESTÉ D'AILLEURS STÉRILE
« POUR LUI, D'AVOIR EU LA PRIORITÉ SUR MONSIEUR SMITH. »

« Il nous a donc semblé de toute justice, conclut Monsieur le capitaine
« de vaisseau Labrousse (dans son rapport officiel (2), dont l'alinéa qui
« précède a été tiré presque textuellement par Monsieur l'amiral Bouet-
« Willaumez), de donner à l'hélice pleine le nom de *vis Sauvage*, comme
« nous donnons à la vis évidée le nom de *vis Delisle;* nous espérons
« que ces dénominations prévaudront même chez les étrangers, lorsque
« la vérité des faits sera plus généralement connue. »

Après cette citation, Monsieur Bouet reprend : « On appliqua donc au
« vapeur anglais *l'Archimède* le système de propulsion de Monsieur *Smith*
« qui se composait, comme celui de Monsieur *Sauvage*, de deux segments
« hélicoïdes formant ensemble un tour entier dont l'angle milieu d'in-

(1) Si c'était une heureuse idée de donner au premier bâtiment à hélice le
nom immortel du géomètre de Syracuse, l'inventeur de la *vis sans fin* et de
la *vis creuse* qui a gardé le nom de *vis d'Archimède*, ne serait-ce pas un
acte de haute justice et de tardive réparation que d'inscrire à la poupe d'un
des bâtiments qui sont sur les chantiers de nos arsenaux, le nom de FRÉDÉRIC
SAUVAGE, l'inventeur de la *vis pleine*, de l'hélice marine ?

(2 Il s'agit ici du rapport déposé par Monsieur Labrousse à son retour
d'Angleterre, où, en 1843, il avait été envoyé par le Ministre de la Marine
pour examiner les bateaux à hélice.

« clinaison était (1) d'environ 45°. — *L'Archimède* fit avec succès le tour
« de la Grande-Bretagne, et, à partir de ce moment, l'application de
« l'hélice sur des bâtiments de toutes sortes et de toutes grandeurs dût
« faire entrevoir au monde marin que l'heure de l'abandon des roues
« allait sonner très-prochainement.

« A l'Angleterre donc appartient l'honneur de l'application en grand de
« la vis de propulsion, mais à la France l'honneur d'en avoir révélé,
« la première, la possibilité.

« Ce fut en 1843 (2), peu de temps après les essais que nous venons
« de voir *l'Archimède* effectuer en Angleterre, qu'eut lieu, en France, la

(1) C'est précisément à l'angle de 45° que s'était arrêté *Frédéric Sauvage*, comme
en témoignent les lettres, ci-après, de l'éminent mécanicien :

« Hâvre, 7 Février 1853.

« Avant de déterminer la paroi de mon hélice, j'ai représenté une rame en
« godille dans la position la plus favorable (45 degrés), et j'ai fait passer la
« ligne supérieure de mon hélice en dedans de l'espace qu'elle doit parcourir,
« ce qui forme une hélice ayant en diamètre la longueur de son axe. Il est
« certain que deux hélices semblables, en tournant en sens inverse, produisent
« exactement l'effet de la godille. — Fᶜ SAUVAGE. »

« Ste-Adresse, 12 Novembre 1855.

« Il est bon que je redise, afin qu'on ne le perde pas de la mémoire et
« qu'il n'y ait plus confusion dans l'esprit à ce sujet, que jusqu'ici, contre mon
« opinion, contre mes démonstrations, contre la raison, ce n'est point mon
« hélice simple, mais mon hélice divisée soit en deux, soit en trois, même en
« quatre qu'on a employée. Or, j'ai toujours dit, je l'ai même écrit à Monsieur
« le Ministre de la Marine, qu'on n'obtiendrait de succès complet qu'en n'ap-
« pliquant qu'une hélice simple de chaque côté du navire et tournant l'une
« sur l'autre, de telle sorte qu'elles repoussent toujours les objets qu'elles
« pourraient rencontrer. — Fᶜ SAUVAGE. »

(2) Il y a des coïncidences qui serrent le cœur! Croirait-on que le jour où
fut fait, en France, le premier essai de l'hélice marine (jour qui inspira, du
reste, à l'un de nos plus spirituels écrivains, Alphonse Karr, la plus éloquente
peut-être, mais à coup sûr la plus juste, la plus énergique, la plus généreuse
de toutes ses pages. Voir les *Guêpes*, numéro de juillet 1843), que ce jour-là
précisément, à l'heure où son admirable découverte prenait possession des
mers à perpétuité, *Sauvage* était, au Hâvre même, où son idée recevait la
sanction d'une solennelle expérience.... détenu pour une misérable dette...
contractée sans doute à cause de son hélice, alors niée et aujourd'hui triomphante?

« première application de l'hélice à un bâtiment à vapeur. — On fit choix
« d'un type d'aviso dont la construction fut confiée à l'habile Monsieur
« Normand, du Hâvre, et qui reçut à son berceau le nom de *Napoléon*.
« Il se nomme aujourd'hui le *Corse*, depuis que le magnifique vaisseau
« à vapeur (1), que tout le monde connaît, s'est élancé en souverain sur
« les mers, après avoir ravi son nom au petit aviso. — Mu par une
« machine de 220 chevaux, ce bâtiment donna, à son début, les résultats
« les plus satisfaisants et n'atteignit pas moins de dix nœuds à l'heure. »

Ecoutons maintenant le comité des savants réunis pour rédiger le
Répertoire des connaissances usuelles (2), qui se publie sous la direction de
Monsieur Duckett, et nous saurons comment il raconte la naissance de
l'hélice marine : « Sans remonter à 1699, ni même à 1743, époque où
« deux Français, *Duguet* et *Dubort*, employaient l'hélice à faire mouvoir
« des moulins; qu'il nous suffise, pour établir la propriété des inventeurs
« français, de citer les lignes qu'écrivait, en 1768, le mathématicien
« *Paucton* :

« Je suis étonné que personne n'ait songé à changer la forme de
« la rame ordinaire, qui n'est évidemment pas parfaite. En effet, outre
« que l'action du rameur n'est pas calculée pour faire avancer le vaisseau
« uniformément, puisque la roue décrit des arcs de cercle dans son mou-
« vement, il est obligé d'employer la moitié de son temps et de sa force

(1) C'est le fameux ingénieur Monsieur Dupuy de Lome qui eut le mérite
et l'honneur de proposer et d'exécuter les plans du magnifique vaisseau à
hélice et à grande vitesse qui s'appelle aujourd'hui le *Napoléon*.... La quille
de ce vaisseau était posée, à Toulon, lorsqu'éclata la révolution de 1848 qui
le baptisa du nom de 24 *Février*; peu après il reçut celui de *Président*, qui
fit place à celui de *Napoléon*. — Mis à l'eau en 1850, le *Napoléon*, muni d'une
machine de 900 chevaux nominaux, fit ses premiers essais en août 1852. Ces
essais furent brillants. — Pour les effectuer, il avait embarqué tout son matériel
et son personnel au grand complet, trois mois de vivres pour un équipage de
850 hommes, trois mâts de rechange et 500 tonneaux de charbon.—Sa vitesse,
mesurée de dix minutes en dix minutes, ne tarda pas à atteindre le chiffre de
12 milles à l'heure, 12 milles 1/2 même; ses mouvements giratoires, rapides et
faciles, frappèrent chacun par leur peu d'étendue, comparativement à ceux des
bâtiments à roues, et, dès ce jour, les officiers, marins et penseurs purent
entrevoir qu'une nouvelle carrière d'évolutions et de combats maritimes leur
était ouverte.

(2) Tome **X**, page 792.

« à retirer la rame de l'eau et à la porter en avant. Pour remédier à cet
« inconvénient, il serait nécessaire de substituer à la rame ordinaire un
« instrument dont l'action fut, si c'est possible, uniforme et continuelle,
« et je pense qu'on trouvera parfaitement ces propriétés dans le *ptérophore*
« (révolution du filet d'une vis autour d'un cylindre); on pourrait en placer
« deux horizontalement et parallèlement à la longueur du navire, un de
« chaque côté ou un seulement devant ; on immergerait entièrement le
« *ptérophore* ou seulement jusqu'à l'axe. — Ses dimensions dépendront de
« celles du navire, et l'inclinaison de l'hélice de la vitesse avec laquelle
« on veut ramer. »

« Restait à trouver la force motrice de ces propulseurs, c'était à la
« vapeur à résoudre ce problème. — Aussi, dès 1823, l'idée de *Paucton*
« fut-elle reprise par le capitaine du génie *Delisle;* mais, elle serait peut-
« être restée longtemps encore à l'état de théorie, si les Anglais *Smith*
« et *Ericson* ne s'en étaient emparés: *la vis Delisle était évidée;* en 1832,
« *Monsieur* Sauvage, *alors constructeur de navires à Boulogne, inventa la
« vis pleine, et c'est la* vis Sauvage *qui est employée aujourd'hui.*

« L'axe de l'hélice étant fixé parallèlement à la quille du vaisseau,
« lorsque cet axe tourne, les filets se fraient un chemin dans l'eau comme
« la vis dans une pièce de bois, seulement l'hélice tourne dans un fluide
« et non dans un solide; c'est alors au calcul de s'emparer des divers
« éléments de la question pour déterminer les dimensions les plus favo-
« rables, le pas, l'inclinaison des diverses parties de l'hélice. »

C'est après avoir interrogé (outre les ouvrages et documents déjà
cités) le rapport de la commission qui a été témoin du premier essai
de l'hélice, à Boulogne, le 15 janvier 1832 ; le compte-rendu de l'Académie des Sciences, le 16 octobre 1842, par Messieurs *Poncelet, Coriolis,
Piobert* et *Seguier*, sur les hélices de Monsieur *Sauvage* destinées à
l'impulsion des bateaux à vapeur; le recueil des brevets d'invention; un
certain nombre de traités spéciaux de mécanique et de marine ; la
correspondance de F^ie *Sauvage*, qui a trait à sa découverte ; qu'a été
rédigée la présente note qui n'appartient pour ainsi dire au rapporteur que
à raison de l'ajustement par lequel il a réuni bien des éléments épars,
qu'à cause du rendez-vous qu'il a donné aux résultats de ses recherches
dans un foyer commun.

Bien des articles attentatoires à la propriété de *Sauvage* ont été
publiés par divers journaux, particulièrement depuis que les assises
scientifiques de la Somme ont tenté de dresser un piédestal à *Dallery*,

d'Amiens, comme à l'inventeur de l'hélice marine. — C'était un acte de haute courtoisie envers la ville où la savante assemblée tenait ses séances, que de la doter ainsi d'un grand homme de plus. — Malheureusement pour Amiens, qui nous touche bien plus près encore que Boulogne, la courtoisie n'avait pas, dans l'espèce, la vérité pour point d'appui, et, nonobstant tous les efforts de la réclame pour faire prendre le change à l'opinion, *F. Sauvage* reste l'inventeur de l'hélice.

En effet, s'il s'agit de la vis, comme agent de propulsion sous-marine, elle était dès 1768 (30 ans avant *Dallery*), signalée par *Paucton*, dans ses deux pterophores placés de chaque côté du navire parallèlement à sa longueur. — Attend-on qu'il y ait eu, depuis Paucton jusqu'à la découverte de la vapeur, comme force motrice des bâtiments, quelque résultat pratique? On est bientôt détrompé, en ne rencontrant, pendant cette période, que des efforts, mais pas de succès. — Depuis que la vapeur a réalisé, dans la marine, des progrès bien autrement étendus que l'imagination n'osait les concevoir, quels sont les deux noms qui, du sein de la foule des prétendants, s'élèvent seuls avec l'auréole de l'immortalité? Ceui de *Delisle*, l'inventeur de la vis évidée; celui de *Sauvage*, l'inventeur de la vis pleine, c'est-à-dire, l'inventeur de l'hélice marine.

Monsieur Chopin-Dallery, par un zèle certainement louable pour l'honneur de son beau-père, par un amour-propre de famille bien excusable, revendiqua, dès 1845, l'hélice marine comme l'invention de *Dallery*.

Il est curieux de voir comment *Sauvage* accueillit cette prétention : la lettre qui suit est, selon nous, une pièce concluante dans la cause.

Lettre de *F. Sauvage* au Rédacteur du *Courrier du Hâvre*:

« AU RÉDACTEUR.

« Hâvre, le 7 Janvier 1846.

« Monsieur le Rédacteur, j'avais hier recours à votre obligeance pour
« prouver la fausseté d'une assertion qui ne tendait qu'à discréditer mon
« hélice. Aujourd'hui, c'est pour maintenir mes droits sur la priorité de
« cette application utile à la marine. Ce qu'on méprisait hier, on vient
« me le disputer aujourd'hui.

« M. Chopin, rue Beaubourg, à Paris, a réclamé, il y a quelque temps,
« pour son beau-père, M. *Dallery*, par la voie de votre journal, l'honneur
« de la découverte. M. Chopin est plus âpre que moi à la curée, car ni
« lui ni moi n'avons rien inventé du tout en matière d'hélice; ce mérite
« appartient à la nature; seulement je pense qu'on ne peut me disputer

VII

« le simple mérite de l'avoir utilisée et de l'avoir appropriée à la na-
« vigation.

« M. Chopin prétend que M. *Dallery* a fait, en 1803, des applications
« sur des bateaux à vapeur. Il me fait là une querelle du loup à l'agneau;
« car, à cette époque, les bateaux à vapeur, en France, n'étaient pas nés.

« M. *Dallery* est mort en 1835, trois ans après la date de mon brevet ;
« il n'a jamais fait de réclamation, c'est que probablement il avait compris
« l'insuffisance de son invention. Or, 29 ans après cette prétendue décou-
« verte, M. Chopin vient déclarer ses prétentions ! Il ignore, sans doute,
« que Franklin, pendant son séjour à Paris, a fait des expériences sur la
« Seine, avec un bateau à hélice (c'était, je pense, avant 1803).

« En 1727, *Duguet* avait fait usage de l'hélice pour remonter les fleuves.

« En 1740, *Dubost* l'avait substituée aux roues de moulins.

« En 1768, *Paucton* l'avait appliquée à la propulsion des navires en
« employant l'équipage comme moteur.

« En 1792, le général *Meunier* l'a appliquée aux ballons.

« Maintenant qu'il est démontré que M. *Dallery* n'a pas inventé l'hélice,
« ni moi non plus, comparons les moyens que nous avons l'un et l'autre
« employés pour l'utiliser dans les conditions les plus convenables.

« Ma première idée fut de renfermer, par une paroi hélicoïde, l'espace
« que parcourt une godille qui fonctionne sur un angle de 45°; cela
« forme l'S, la lettre initiale de mon nom, et une hélice d'un diamètre
« égale à sa longueur. — Le pas de l'hélice *Dallery* est à son diamètre
« comme 1 à 1,85, c'est-à-dire d'une longueur presque moitié de la
« mienne. — Il est évident que si on suppose une godille dans le milieu
« d'une telle surface, elle se trouvera dans une position à peu près
« perpendiculaire, et son action sera peu sensible.

« On m'a longtemps opposé l'hélice décrite dans *Tregold*, qui a pour
« longueur cinq fois son diamètre ; elle a le défaut contraire de celle de
« Monsieur *Dallery*, car la godille serait, à peu de chose près, dans une
« position horizontale, ce qui revient au même.

« Monsieur Chopin, qui prétend que je suis arrivé un peu trop tard,
« ne pense-t-il pas que Monsieur son beau-père aurait dû arriver un
« peu plus tôt?

« Agréez, etc. « F. SAUVAGE. »

Nous n'ajouterons aucun commentaire à ce document, et nous avons la
confiance que désormais *Sauvage*, comme un bon propriétaire qui a fait
procéder au bornage, pour bien délimiter son champ, n'aura plus à se
défendre contre les usurpations.

II.

LE RÉGIME INDUSTRIEL ET COMMERCIAL DE LA FRANCE AVANT ET APRÈS
LA RÉVOLUTION DE 1789.

Nous avons écrit, dans un travail récent (1), que notre système actuel d'industrie et de commerce, qui se résume dans la liberté, offre sur le système du xviiie siècle, qui se résumait dans la restriction, une supériorité incontestable. — En effet, il efface l'inégalité arbitraire qui existait alors dans la propriété la plus imprescriptible de toutes (2), celle de la libre application, par tout homme, de ses facultés, de ses aptitudes à la profession qu'il préfère. En ouvrant l'intelligence de nos travailleurs, les institutions nouvelles tendent à relever simultanément leur moralisation avec leur bien-être; — car, il faut bien le constater, tous les moyens de progrès vont de nos jours au-devant de l'ouvrier, pour lui assurer une capacité industrielle, qui réponde de son existence. — Les crèches, les salles d'asile, les maisons primaires d'éducation (et quand la loi obligera-t-elle en France, comme en Prusse, le père à instruire ses enfants, de même qu'elle l'oblige à les nourrir?) les écoles gratuites de dessin et de musique, les cours plus spécialement professionnels de géométrie appliquée, ne sont-ce pas là autant d'étapes où s'arrête l'enfant de l'atelier, afin d'arriver, sans frais, au seuil de l'établissement dans lequel doit s'accomplir sa destinée manufacturière?

(1) *Rapport sur les récompenses aux ouvriers*, le 27 décembre 1855.

(2) Dans le préambule de l'édit de 1776, qui supprimait les jurandes, Turgot avait inscrit ces nobles paroles : « *Dieu, en donnant à l'homme des besoins, en lui rendant nécessaire la ressource du travail, a fait du droit de travailler la ressource de tout homme et de cette propriété la première, la plus sacrée et la plus imprescriptible de toutes.* » — Ce droit, du reste, correspond directement au devoir imposé au premier homme et en lui à toute sa postérité, *in sudore tuo vesceris pane*, devoir dont personne n'est dispensé en ce monde.

En faisant, sous ce rapport, l'apologie de notre époque, nous faisions indirectement le procès du xviii° siècle avec son cortége de corporations (1), de maîtrises (2), de jurandes (3). — En effet, avant 1789, l'industrie était enchaînée par des règlements despotiques qui défendaient au génie toute découverte (4), toute invention, sous peine d'en confisquer les résultats. — Les priviléges accordés *à perpétuité* par le gouvernement, étaient tout-à-fait arbitraires dans leur principe, abusifs et tyranniques dans leur exercice, désastreux dans leurs conséquences ; la moindre innovation était incontinent poursuivie comme une dérogation coupable aux méthodes invariablement traditionnelles ; la routine s'éternisait et le progrès était arrêté contre cette borne. — Les inventeurs français en étaient réduits à la triste nécessité de se réfugier à l'étranger qu'ils enrichissaient de leurs découvertes. — Bref, au lieu de la liberté qui fait de l'industrie le domaine commun, c'était le privilége qui concentrait le bénéfice de la fabrication dans quelques mains ; la consommation était livrée, sans défense, à la merci des exploiteurs du monopole ; l'intérêt général payait le plus onéreux tribut à l'intérêt particulier. — Il y avait là un renversement des principes du bon sens, du bon droit. — Aussi l'émancipation de l'industrie était-elle logique, était-elle nécessaire comme terme d'une longue injustice, comme échéance d'une bien tardive réparation envers la société.

Nous sommes loin de ratifier, toutefois, les anathèmes que nous avons souvent entendu lancer contre cette période trop peu connue de notre

(1) Chaque *corporation* était la réunion, en corps, des individus qui, exerçant la même profession, étaient astreints aux mêmes devoirs; elle avait ses officiers, ses assemblées, ses statuts, etc.

(2) La *maîtrise* était un privilége octroyé à un nombre limité de personnes pour l'exercice des arts et métiers et du commerce : on n'était reçu qu'après un temps déterminé d'apprentissage et de compagnonnage; les maîtres formaient une corporation sous la présidence d'un magistrat et de jurés, pour *veiller à l'exécution des règlements du métier* et administrer les biens de la communauté.

(3) La *jurande* était la charge exercée par les jurés, qui prenaient soin des affaires de la communauté, recevaient les apprentis et veillaient au maintien des priviléges de la corporation.

(4) Sous le régime des corporations, *les procédés de fabrication étaient rigoureusement déterminés et soumis à la surveillance des gardes du métier*, ou syndics de la corporation; ce n'est qu'en 1791 qu'il fut permis d'inventer et de profiter exclusivement de son invention, pendant un temps déterminé.

histoire industrielle. — Comme toutes les institutions humaines, le régime des corporations avait ses avantages auprès de ses inconvénients. — Nous ne sommes pas de ceux qui méconnaissent que les corporations ont été utiles dans leur début, avant d'être faussées dans leur marche et finalement nuisibles dans leurs effets; nous ne sommes pas de ceux qui ont oublié que si les maîtrises et les jurandes seraient, en 1855, de véritables anachronismes, elles ne manquent pas cependant d'arguments pour expliquer, pour justifier la durée de leur règne.

Abstraction faite des services que les corporations ont rendus à la royauté pour fondre dans une imposante unité nationale le fractionnement indéfini des pouvoirs féodaux; abstraction faite de l'honneur qui leur appartient d'avoir déterminé ce grand mouvement communal dont le dernier mot est inscrit au frontispice de nos codes : « Egalité de tous les Français devant la loi, » il est certain qu'au moyen-âge elles avaient ouvert un refuge à la classe ouvrière, dont tous les membres formaient alors une véritable ligne défensive contre l'oppression; il est certain qu'au XVIIe siècle elles éclairaient la marche de l'industrie. — Ce n'est qu'à la fin du XVIIIe siècle que ce régime a dégénéré en une coalition « de castes absurdes et abusives dont les maîtres et les jurats opprimaient le travail et stérilisaient le génie (1). » — Mais il faut convenir qu'il existait, sous ce régime, des garanties de bonne fabrication dans le contrôle exercé par les maîtrises et les jurandes sur les produits de chaque métier, contrôle qui prévenait toutes les fraudes et obligeait à un choix consciencieux des matières, à un soin scrupuleux de leur mise en œuvre.

Ce n'est point sous nos pères qu'on aurait pu voir l'égoïsme impudent de quelque misérable aller tromper les peuples d'outre-mer par des marchandises déloyales, et discréditer sur toute une côte le nom commercial de la France: les jurandes auraient étouffé la mauvaise foi du fabricant à la porte de son atelier ou l'auraient arrêtée à la frontière, pour l'honneur et le bénéfice de la patrie, dont les produits ont été maintes fois frappés d'exclusion en masse, sur tels marchés étrangers, qu'un trafiquant éhonté (2)

(1) Gouraud. — *Histoire de la politique commerciale de la France* (Tome II, page 12).

(2) N'avons-nous pas lu dans une lettre datée de Kamiesch, 22 décembre, et insérée dans la plupart des journaux, en janvier 1856, une nouvelle preuve, entre mille, des abus de la liberté illimitée en matière d'industrie? — Voici l'extrait de ce document:

Le nouveau et l'imprévu ne sont plus à Sébastopol, mais à Kamiesch. —

n'avait pas rougi d'empoisonner. — Un seul moyen, selon nous, moyen dont la Chambre de Commerce a réclamé, de vieille date, l'indispensable emploi; un seul moyen de former un nœud entre la liberté industrielle et la probité commerciale, c'est d'imposer à tout fabricant, grand et petit, l'obligation de la marque de fabrique. — Du moment, en effet, où chacun signera ses œuvres, la solidarité cessera de plein droit aux yeux des acheteurs, et le marchand, qui profane sa patente, deviendra seul responsable des produits malsains qui, jusqu'alors, moyennant l'anonyme, compromettaient toute la nation à laquelle appartient l'expéditeur.

Il est certain que, s'il y avait dans le personnel de chaque corporation, une limitation à laquelle on pouvait reprocher d'être exclusive, cette limitation aboutissait du moins à plus d'une conséquence utile. — Elle déterminait d'abord la limitation dans le chiffre des matières fabriquées, dont la proportion était régulièrement mesurée sur les besoins calculés de la consommation. — Elle prévenait ainsi les périodes pléthoriques qui, par la dépréciation rapide et forcée des marchandises, ont tant de fois, depuis soixante ans, déterminé des catastrophes. — Elle montrait, en outre, au fils l'objet direct de sa légitime ambition, l'empreinte de ses aïeux laissée dans la voie qu'ils avaient honorablement parcourue. — Elle

« Depuis l'arrivée des Français en Crimée, cette place s'était fait remarquer « par une grande netteté dans les transactions et une rare exactitude dans les « paiements. Ces vertus commerciales commencent à recevoir de furieuses « atteintes: les faillites et les banqueroutes commencent.

« Les dernières fuites ont fait perdre au commerce de Kamiesch près de « 300,000 francs.... Le commerce honnête et probe tremble, car on voit que « la sûreté disparaît. *La responsabilité de cette transformation doit peser sur* « *Cette et Marseille, qui ont envoyé d'énormes chargements de marchandises* « *exécrables à Kamiesch, cherchant à gagner le plus d'argent possible et agissant* « *comme si le commerce français en Crimée ne devait pas durer trois semaines.* « *—* Il n'y a aujourd'hui qu'une dizaine de bonnes maisons en qui l'on puisse « avoir une pleine confiance.

« *L'autorité militaire*, qui a fait preuve d'une assez grande tolérance jusqu'à « présent, a *résolu de mettre un terme aux fourberies commerciales qui se* « *commettent chaque jour.* Ainsi, par décision supérieure, cent barriques de vin, « d'une maison de Marseille, ont été répandues dans la mer, comme contenant, « d'après expertise légale, des matières hétérogènes et malfaisantes. C'est un bon « exemple, qui donnera à réfléchir à tous ces commerçants sans foi ni loi qui « déshonorent le nom français sur toutes les places où ils font des affaires. »

obviait, par ce principe, à la fièvre du déclassement qui travaille notre jeunesse, dont l'erreur grave est de se croire capable et digne, de tout, de prendre sa convoitise pour thermomètre de son droit, son désir pour mesure de ses espérances ; elle obviait, du même coup, aux dangers dont tant d'aspirations maladives avortées sont venues, à diverses reprises, menacer l'ordre social.

Il est certain qu'avec cette règle il y avait bien plus de sécurité qu'aujourd'hui dans les opérations, et bien moins d'ouverture aux faillites qui deviennent le dénouement fatal de la concurrence, lorsqu'elle est désordonnée.

Il est certain que généralement (et sauf le cas de privilèges particuliers) les fortunes étaient plus lentes et plus régulières ; chaque jour apportait son assise à la construction, qui s'achevait dans l'âge mûr, tandis qu'actuellement le vertige de l'agiotage et des spéculations hasardeuses fait et défait les prospérités en moins de temps qu'il n'en faut à la mer pour son flux et son reflux. — Avec la soif de jouir qui tourmente, on ne prend plus le temps de gagner ; au lieu de s'en remettre à des efforts raisonnés, suivis et fructueux, on place son avenir sur un dé ! N'est-ce pas le secret de tant de sinistres, de tant de suicides ?

Il est certain que l'ouvrier embrassait plus généralement alors toutes les dépendances de son état, vu l'apprentissage obligatoire, auquel il était assujéti pendant une période fixe ; tandis qu'avec la division du travail, qui a prévalu, dans le double intérêt de la perfection et de l'économie du produit, chaque homme, s'il connaît mieux la partie de l'œuvre à laquelle il est rivé, ne connaît guère les autres. — Nous ne parlons pas des ouvriers d'élite, qui savent tout, mais qui sont rares.

Il est certain que les maîtrises et les jurandes étaient placées paternellement à portée de l'ouvrier, comme un tribunal de famille, pour prononcer doucement et équitablement sur ses difficultés avec le patron ; que les mal-façons, par exemple, ne donnaient lieu qu'à des retenues proportionnées au préjudice causé par la négligence du travailleur, tandis qu'aujourd'hui il se trouve presque absolument livré à la merci des maîtres, dont on a vu le caprice frapper durement parfois de légers défauts de fabrication.

Mais laissons le côté matériel, qui avait bien son mérite, c'est dédémontré, et envisageons un instant le côté moral du régime de nos aïeux.

Qui pourrait nier qu'il y eut alors une forte *cohésion*, résultat d'un attachement sincère entre le maître et l'ouvrier, parce que l'un savait être juste et bienveillant, l'autre reconnaissant et respectueux ; tandis qu'aujourd'hui, avec les brèches qu'une époque néfaste a faites au principe tutélaire de l'autorité, il n'y a plus, ordinairement, entre ces deux agents de la production industrielle, qu'une sorte de *juxtà-position* déterminée par le cours variable de l'intérêt, qui ne rapproche aujourd'hui que pour séparer demain.

Qui pourrait nier que, pour cimenter l'union entre ces deux éléments, il y eut alors le sentiment religieux qui, remontant à la source éternelle de toute puissance, fait de l'obéissance un devoir, et de son accomplissement un mérite moral, tandis que l'indifférence, qui est un athéisme pratique, désaggrège forcément et dissout le corps social quand ceux qui le composent n'élèvent jamais le regard au-dessus de l'horizon matériel et des besoins de la vie animale?

Qui pourrait nier qu'en ce temps-là l'ouvrier fut fort de la solidarité chrétienne, qui l'enveloppait dans le même faisceau que ses camarades, au lieu d'être affaibli comme il l'est, par l'isolement individuel auquel il est désormais abandonné?

Qui pourrait nier qu'il y eut, pour les corporations particulières, un centre de ralliement où toutes se rencontraient, l'Eglise? C'est là que ces diverses communautés, placées sous le patronage d'un saint, venaient après avoir défendu séparément chacun de leurs membres, chacune de leurs prérogatives, se perdre au sein de la grande famille industrielle qui absorbait toutes les forces partielles pour les fondre dans une imposante force unitaire?

Une réflexion encore: ce qui prouve que tout n'était pas à refaire dans l'édifice industriel et commercial construit par nos devanciers, c'est que notre époque a dû relever plus d'un débris du passé.

Que sont en effet nos *conseils de prud'hommes?* sinon une nouvelle édition, revue et modifiée, de ces prud'hommes d'autrefois qui étaient les gardes de certaines corporations industrielles; de ces artisans-jurés qui étaient chargés de visiter les marchandises; de ces juges qui avaient à trancher les contestations en foire; de ces jurandes qui s'interposaient d'office entre le maître et l'ouvrier.

Que sont nos *tribunaux de commerce?* sinon un héritage de la vieille France, une création du chancelier De l'Hospital, édictée par Charles IX, développée en nombre par ses successeurs et augmentée en importance par la loi de 1790 qui, réunissant les amirautés et les tribunaux consulaires, saisit ainsi une seule magistrature des affaires maritimes et des affaires commerciales, qui, auparavant, ressortissaient à deux juridictions différentes.

Et les *chambres de commerce* datent-elles de nos jours ? Non, certainement. Dès 1701, Louis XIV les instituait avec la mission qui leur a été confirmée par les lois et ordonnances postérieures à la révolution : « *d'adresser leurs mémoires contenant les propositions qu'elles auraient à faire sur ce qui leur paraîtrait le plus capable de faciliter et d'augmenter le commerce.* »

Les *conseils généraux du commerce et le conseil supérieur* sont-ils du moins des innovations ? Nullement. Jusqu'à Louis XI, l'industrie, concentrée dans les corporations (avec les corporations concentrées dans la commune), était toute municipale ; c'est ce prince qui entreprit de la faire nationale. Il convoqua, en 1469, les négociants en son grand conseil *pour aviser avec eux aux moyens d'étendre et de faire prospérer le commerce.* — Henri IV appela près de lui, en 1604, les délégués de l'industrie nationale, *pour concerter les mesures propres à seconder son essor.* — Le conseil du commerce, comme institution permanente, date du 29 juin 1700 : le conseil royal de 1730. — Ainsi, rien encore, de ce côté, n'appartient à la France nouvelle.

Peut-être les *sociétés de secours mutuels* sont une conception moderne ? Erreur complète : les sociétés de secours mutuels ont de vieux parchemins scellés du sceau de Charlemagne (1) qui les autorisait dans ses capitulaires. — Elles ont donc traversé dix siècles et demi, vivant dans les corporations, elles ont sommeillé cinquante ans (2) à peine, mais elles se réveillent plus vivement que jamais pour guérir la plus grave, la plus profonde, la plus dangereuse de nos plaies sociales, la défiance des classes entre elles et la faiblesse qui résulte de leur fractionnement.

Pourquoi rencontre-t-on encore de ces hommes qui ne tiennent pas compte d'un grand fait historique, la réunion des trois ordres, dans l'assemblée nationale, où naquit cette belle unité française qui, bien comprise et bien pratiquée, ferait aussi bien notre confiance et notre bonheur au dedans, qu'elle fait notre force et notre gloire au dehors ? — Quand donc cette belle unité, qui est gravée dans nos lois, sera-t-elle aussi

---

(1) Cheruel.— *Dictionnaire des institutions, mœurs et coutumes de la France*, page 579.

(2) Le gouvernement de Louis-Philippe, voyant poindre le retour de ces sociétés, encouragea leur développement. — Le Ministre de l'Intérieur écrivait, le 6 août 1840, aux Préfets : « Elles réalisent, au plus haut degré, les con- » ditions d'un bon système de secours formés par les économies de ceux « mêmes qui doivent, en cas de besoin, y prendre part. »

VIII

gravée dans tous les cœurs et acquise définitivement (1) à nos mœurs?—Qui n'aspire au moment où tous les habitants de notre magnifique pays, à quelque étage qu'ils soient placés, auront déposé, les grands, tout dédain, toute fierté, toute froideur ; les petits, toute envie, toute rancune, tout antagonisme? — Puissent bientôt tous les enfants de la même patrie, et par conséquent de la même famille, se rapprocher, sans réserve, pour se connaître, s'apprécier, s'aimer et se confondre dans une vaste assurance mutuelle pour la tranquillité et la prospérité communes !

Résumons cette étude comparative entre deux époques :

Depuis la loi du 13 juillet 1791, *l'industrie est libre*, et les développements qu'elle a pris, depuis soixante ans, et surtout les progrès sortis de cette concurrence qui a bien ses écarts et ses excès, mais dont les résultats sont immenses, ont prouvé qu'il était temps d'en finir avec un système rétrograde.

Le *commerce est libre* et tout le monde profite aujourd'hui des avantages légaux mais iniques qui étaient concédés au monopole. — Bref, l'intérêt général a cessé d'être mis en coupe réglée par l'intérêt particulier. — La consommation entière est affranchie de l'impôt énorme qu'elle payait à quelques privilégiés. — Le génie des découvertes a eu le champ libre ; la science et l'industrie se sont donné la main. — Que s'en est-il suivi? c'est que partout on est mieux vêtu, mieux nourri, mieux logé. Aussi la moyenne de l'existence humaine a-t-elle gagné dix ans, depuis un demi-siècle. — Le *fruit matériel* de notre régime d'industrie et de commerce est recueilli déjà par la génération présente.

Quant au *fruit moral*, c'est autre chose. — Dans les crises sociales et politiques, qui sont comme les maladies des empires, il est rare que le but ne soit pas dépassé. — Que voulait-on en 1789? Des réformes. En 1830? Des réformes. En 1848? Des réformes. Et l'on a eu trois révolutions ! Or, les révolutions sont comme des torrents, elles emportent tout ce qu'elles rencontrent sur leur passage. — C'est à la génération qui suit, non pas seulement de regretter, mais de rétablir ce qui aurait dû être toujours respecté, toujours maintenu. — Nous sommes cette génération, c'est donc à nous de commencer un travail de réédification morale et religieuse que continueront nos enfants, si nous avons à cœur de leur inculquer les principes chrétiens qui sont, en dépit du philosophisme, qu'on a pu juger à l'œuvre, la seule sauvegarde des nations

(1) *Quid leges sinè moribus? Vanæ proficiunt.* (HORACE).

comme des individus. — C'est à nous de ramener la société dans sa voie, avec la France régénérée par l'union ; car sans union, il n'y a qu'anarchie, que faiblesse. — N'a-t-il pas été dit par le Maître, il y a dix-huit cents ans, que « tout royaume divisé contre lui-même (1) sera « désolé? » Cet oracle divin ne s'est-il pas trop souvent vérifié dans la suite des âges, et l'histoire n'a-t-elle pas eu à enregistrer ses terribles accomplissements, dans tant de pages sinistres qu'elle nous a léguées? — N'avons-nous pas vu, nous-mêmes, se dérouler sous nos yeux, au sein de la capitale, le drame poignant et douloureux de luttes fratricides qui, en s'éteignant dans des flots de sang, ont enveloppé la patrie entière d'un crêpe funèbre? Voilà les fruits amers de la division intestine!

« Quand on est lancé en plein océan, » écrivait naguère un grand publiciste (2), qui tenait précisément le gouvernail de l'Etat au moment où la catastrophe de 1848 est venue le briser entre ses mains; « quand « on est lancé en plein océan, et par de violents orages, c'est peu « d'avoir un beau vaisseau, bien armé, richement pourvu et couvert « d'hommes intelligents et braves: il faut encore, *il faut surtout que* « *l'équipage soit uni* et que le navire ait de fortes ancres, car c'est « vraiment de là que dépend son salut. Soyons fermement unis, » con- cluait ce profond penseur, cet éminent écrivain, dont les évènements n'avaient pu que mûrir encore les réflexions et affermir la plume; « soyons fermement unis : *sachons saisir les fortes ancres de la société et* « *nous y attacher ensemble;* Dieu nous donnera le salut, si nous faisons « ce qu'il faut pour le mériter. »

(1) *Omne regnum in se divisum desolabitur.*

(2) M. Guizot, discours prononcé à Falaise, lors de l'érection de la statue équestre de Guillaume-le-Conquérant, le 26 octobre 1851.

Abbeville, Typ. de P. BRIEZ.

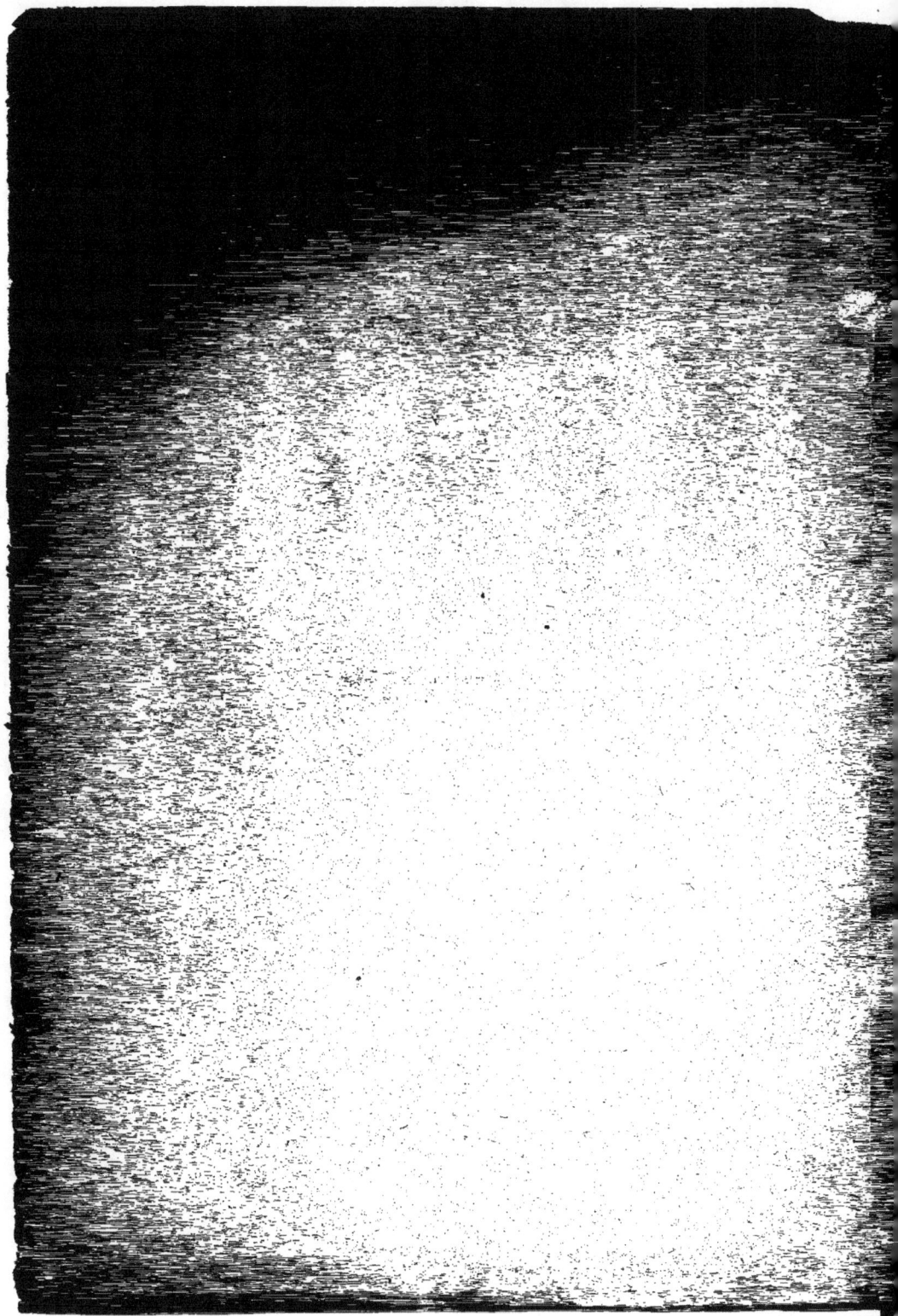

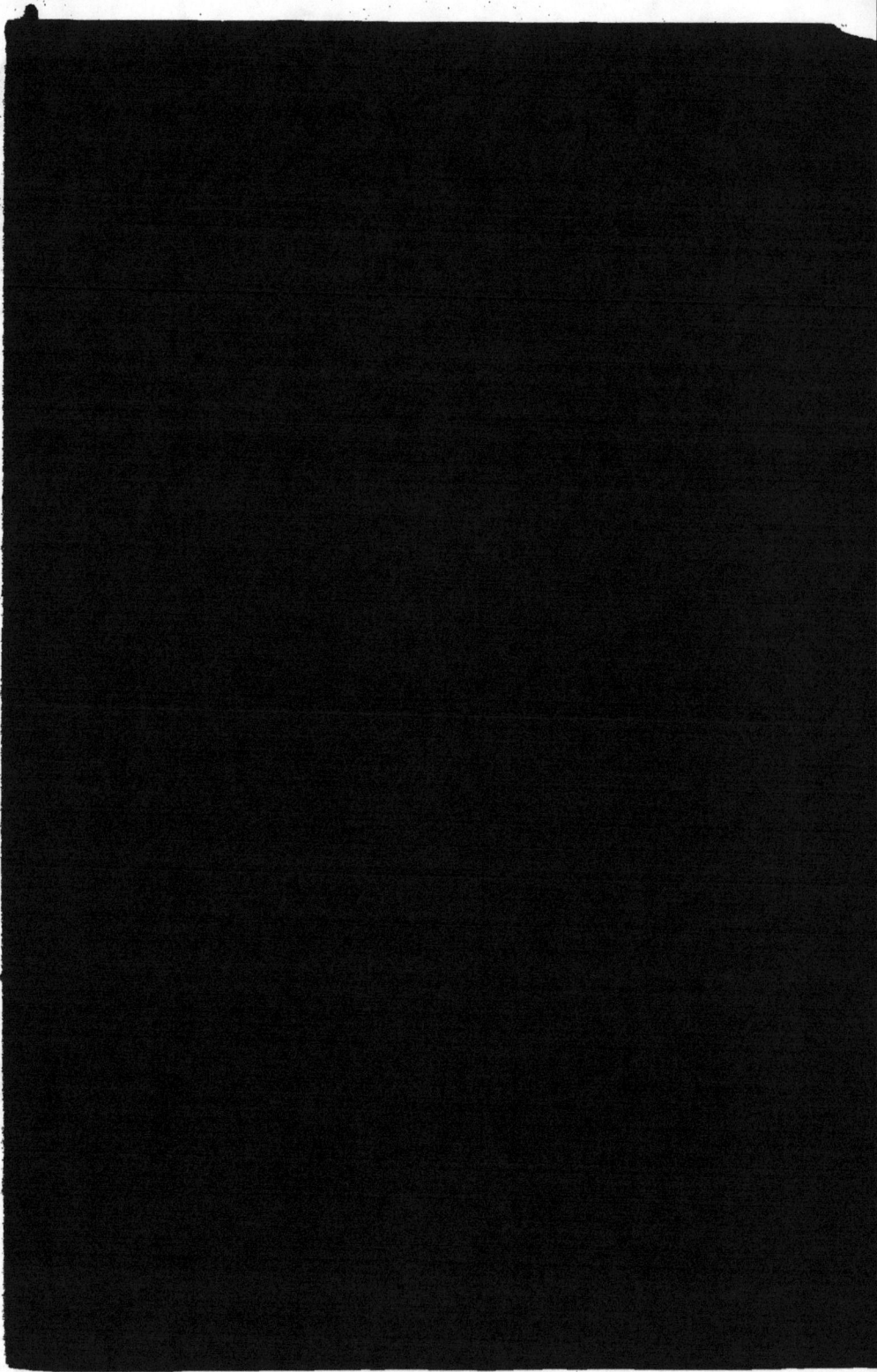

www.ingramcontent.com/pod-product-compliance
Lightning Source LLC
Chambersburg PA
CBHW070840210326
41520CB00011B/2288